DE

L'ORFÉVRERIE ÉLECTRO-CHIMIQUE

HISTOIRE ET DESCRIPTION

PAR

M. VICTOR MEUNIER

PARIS

F. SAVY, LIBRAIRE DE LA SOCIÉTÉ GÉOLOGIQUE DE FRANCE

20, RUE BONAPARTE

1861

DE

L'ORFÉVRERIE ÉLECTRO-CHIMIQUE

Paris. — Typ. Walder, rue Bonaparte, 44.

DE

L'ORFÉVRERIE

ÉLECTRO-CHIMIQUE

HISTOIRE ET DESCRIPTION

PAR

M. VICTOR MEUNIER

PARIS

F. SAVY, LIBRAIRE DE LA SOCIÉTÉ GÉOLOGIQUE DE FRANCE

20, RUE BONAPARTE.

1861

INTRODUCTION

I

Le 25 novembre 1841 compte parmi les journées mémorables de l'Académie des sciences.

C'est ce jour-là, devant l'illustre compagnie au grand complet, en présence d'une affluence considérable de visiteurs animés de la plus noble curiosité (car le bruit de ce qui allait se passer avait transpiré au dehors), que M. Dumas, portant la parole en qualité de rapporteur d'une commission dans laquelle il avait Thénard, Darcet, Pelletier et M. Pelouze pour collègues, proclama officiellement la naissance de la dorure et de l'argenture électro-chimiques.

On a encore présente à la mémoire la sensation produite par ce rapport; elle fut immense, et se peut presque comparer à celle qu'Arago avait excitée près de trois années auparavant en annonçant l'invention du daguerréotype.

D'après M. Dumas :

L'art nouveau devait avoir pour effet presque certain de détruire les ateliers si dangereux de dorure au mercure;

Il transporterait jusque dans les plus humbles chaumières l'usage agréable et salubre de l'argenterie;

Une couche d'argent déposée sur les ustensiles de ménage et sur ceux qu'emploient le confiseur et le pharmacien préserverait à l'avenir les aliments et les médicaments acides de tout contact avec les métaux qui peuvent leur communiquer des propriétés homicides;

Le physicien accroîtrait presque indéfiniment la durée de ses machines en les argentant, et le chimiste dorerait ces ustensiles en cuivre qui se dégradent si rapidement dans le laboratoire (une capsule de laiton dorée avait résisté très-efficacement à l'action de l'acide nitrique bouillant; une capsule de laiton argentée avait résisté à la fusion de la potasse hydratée);

Le fer, la fonte, l'acier, l'étain, le cuivre, sous mille formes, sous celles de couteaux, de balances, d'instruments de chirurgie, de montures de lunettes, d'articles de quincaillerie, etc., allaient, au gré du producteur et du consommateur, se recouvrir et se décorer d'un vernis inoxydable d'or ou d'argent;

Enfin, en provoquant une déperdition considérable de métal précieux, l'industrie naissante devait ranimer l'exploitation des mines d'argent, rehausser le prix avili de ce métal, et faire équilibre à l'excès de sa production.

Toutes ces promesses sont en voie d'accomplissement.

La dorure au mercure est anéantie, et, sur ce point, le martyrologe des travailleurs est clos; on ne parle plus des ouvriers doreurs, c'est une preuve qu'ils ont cessé d'être particulièrement à plaindre.

Quant à savoir si l'argenture est restée fidèle à la tendance qu'au rapport de M. Dumas elle montrait déjà en 1841, celle de « rendre générales les jouissances du luxe le mieux raisonné; » nous avons un moyen aussi simple que certain de nous en assurer.

C'est d'apprécier la force productive actuelle de cette industrie, force qui se règle nécessairement sur les facultés de la consommation.

A la vérité, les documents nous manquent pour embrasser dans une commune enquête l'ensemble des ateliers plus ou moins importants qui se sont formés depuis que l'expiration des brevets qui ont protégé les débuts industriels de la dorure et de l'argenture électro-chimiques a fait tomber celles-ci dans le domaine public.

Mais une statistique aussi complète n'est pas nécessaire au but que nous nous proposons, et un rapide coup d'œil jeté sur un seul établissement d'orfèvrerie galvanique suffira pour nous convaincre que celle-ci a pris rang parmi nos premières industries.

Une force motrice de 25 chevaux-vapeur ; — un outillage ingénieux et puissant, et, entre autres, cette sorte de laminoir, dite *machine à segments*, entre les matrices de laquelle il passe 150 douzaines de couverts par jour; — un personnel de près de 1,500 ouvriers, ouvrières et employés; — 3,919 kilogrammes d'argent mis en œuvre en une seule année; — 300,000 couverts de table, 35,000 couverts à dessert, 550,000 cuillers à café, 90,000 pièces, telles que couteaux de table, couteaux à dessert, louches à ragoûts, cuillers à sauce, à sucre et articles de petite orfèvrerie; enfin, des surtouts, des réchauds, des cloches, des plateaux, des plats, des théières, etc... : tels sont les produits et tels sont les moyens d'action de cet établissement.

Six ans après le rapport de M. Dumas, en 1847, l'usine dont il s'agit faisait déjà deux millions d'affaires; en 1859, ce chiffre était plus que triplé. Elle a aujourd'hui lancé dans la circulation 5,600,000 couverts ou pièces équivalentes pour la production desquelles elle a employé 33,600 kilogrammes d'argent, ce qui représente une valeur de 6,700,000 francs, et ce qui, suivant la remarque de M. Turgan, à l'épaisseur adoptée pour les couverts, c'est-à-dire à 3 grammes par décimètre carré, suffirait pour argenter une superficie de 16,000 hectares.

Mais, hâtons-nous de le reconnaître, l'usine dont nous venons de mesurer approximativement le degré de puissance n'est point ce qu'en langage de statisticien on pourrait appeler une usine moyenne, et nous n'avons pas le droit de clore les évaluations qui précèdent en disant : Par cette maison, jugez des autres ! Cette maison est une exception; c'est la plus ancienne de toutes, longtemps unique en son genre; c'est celle qui dès l'origine acquit des inventeurs le droit d'exploiter leurs brevets et de doter la France d'une industrie nouvelle; c'est par elle que cette industrie, née en Italie et en Angleterre, a pris racine dans notre pays et s'est vulgarisée parmi nous. Après l'avoir adoptée à l'état naissant, elle la livre, pleine de vie et d'avenir, à la libre concurrence; elle comptait quinze années d'expérience et de succès au moment où les imitateurs qu'elle a aujourd'hui essayaient leurs premiers pas. S'étant mise avant toute autre en marche, et n'ayant pas cessé de progresser, il n'est pas surprenant que l'usine Christofle (car on a compris que c'est d'elle qu'il s'agit) continue de laisser une longue distance entre elle et ses récentes rivales; mais les chiffres qui la concernent n'en montrent pas moins que l'orfévrerie nouvelle n'a pas cessé de suivre une marche ascendante, qu'elle est définitivement entrée dans nos usages, et que les débouchés ne lui manquent pas plus qu'il n'est à craindre qu'elle ne fasse elle-même défaut à ce besoin d'un luxe qu'avec raison M. Dumas qualifie de bien entendu, puisqu'il est au service du bon goût et de l'hygiène; besoin qu'elle a fait naître et qu'elle développe en lui offrant une facile satisfaction. Or, pour le moment, nous ne voulons pas prouver autre chose.

Ces chiffres sont empruntés au *Dictionnaire universel du commerce et de la navigation*, publié par M. Guillaumin (1), et à l'une des excellentes monographies dont se compose l'utile et luxueux ouvrage de M. Turgan, les *Grandes Usines de France* (2); ils ont été évidemment puisés à une source officielle et méritent toute confiance.

« On voit, dit, M. Turgan, par les chiffres que nous venons d'indiquer, l'accroissement rapide que prend l'argenture électro-chimique, et cependant pour nous

(1) Article *Plaqué, doublé, galvanoplastie*, t. I, p. 1120.
(2) Tome I, page 273 à 320, *Orfévrerie Christofle*.

c'est encore bien peu de chose. — Tous nos ustensiles de cuivre, tous les vases destinés à contenir des matières alimentaires, ne devraient-ils pas être argentés par le même procédé ? les métaux précieux du numéraire, remplacés par un papier-monnaie, rentreraient dans l'industrie où ils reprendraient leur véritable place; grâce aux procédés électro-chimiques, l'or et l'argent pourraient fournir un nombre considérable de vases et d'ustensiles, puisqu'avec un couvert d'argent massif on peut en argenter trente avec une parfaite solidité. »

L'orfévrerie nouvelle est donc loin d'avoir atteint le terme de son développement; mais si l'on considère la date encore récente de sa création, et si l'on tient compte des difficultés de plus d'un genre qui ont entravé ses premiers pas, on est plus frappé du chemin qu'elle a fait que de celui qui lui reste à parcourir; en tous cas, ses succès passés sont une garantie de ses futures conquêtes et ne laissent subsister aucun doute sur l'accomplissement entier des promesses qu'a faites en son nom le rapporteur de l'Académie des sciences.

II

Le bienfait constaté, mesuré, une question s'impose à notre esprit : A qui le devons-nous?

En d'autres termes : Quel est l'inventeur de la dorure et de l'argenture voltaïques ?

Sur dix personnes à qui l'on adressera cette question, peut-être n'en sera-t-il pas une qui n'y réponde, en toute sincérité, au rebours de la justice et de la vérité.

C'est le sort commun à la plupart des grandes découvertes : presque toujours les contemporains en rapportent l'honneur à qui ne l'a pas mérité. C'est ainsi que Copernic, interrogé sur le point de savoir qui avait découvert le Nouveau-Monde, répondait sans hésitation par le nom d'Améric Vespuce.

Si donc vous posez au premier venu la question qui nous occupe, il y a tout à parier que le premier venu répondra : « L'inventeur des procédés actuels de dorure et d'argenture est M. le vicomte Henri de Ruolz. »

Or, M. de Ruolz a inventé cela exactement comme Amerigo Vespucci a découvert l'Amérique.

Mais comment le premier venu hésiterait-il? L'orfévrerie nouvelle n'est-elle pas connue du peuple sous le nom même du chimiste auquel on en attribue communément l'invention?

Pauvre raison cependant! car le Nouveau-Monde ne porte-t-il pas encore aujourd'hui un autre nom que celui de l'homme admirable qui l'a annexé aux domaines de l'humanité progressive?

Et si j'établis ce rapprochement entre M. de Ruolz et *le grand pilote de la flotte royale*, c'est que la comparaison, aussi exacte qu'une comparaison peut l'être, ne prête rien, pour qui connaît les faits, à la malignité. L'honorable nom de Vespucci n'a plus besoin d'être vengé des calomnies dont Schoner l'avait souillé. « C'est le hasard, dit M. de Humboldt, ce n'est ni la fraude ni l'intrigue qui a enlevé le nom de Colomb au continent d'Amérique. » Le navigateur florentin n'a pas trempé dans l'abus qu'on a fait de sa juste renommée. Colomb, peu de temps avant de mourir, rendait hommage à son caractère; on ne trouve à lui reprocher que sa jactance; ce fut un vaillant explorateur des mers et des îles nouvelles, et l'homme et le savant qu'on lui compare ne peut que s'honorer de ce parallèle.

Cela dit, il reste que le navigateur Améric Vespuce a donné son nom à la découverte de Christophe Colomb ;

Comme le chimiste Henri de Ruolz a donné le sien à l'invention d'un autre.

Sur ce point la lumière est aussi éclatante que sur la découverte du Nouveau-Monde.

Portons donc devant l'histoire la question que tout à l'heure nous posions au vulgaire et recueillons sa réponse.

Mais l'histoire a la réplique moins prompte que le vulgaire, et au lieu de trancher la question par un nom propre, elle distingue.

C'est qu'en effet, depuis que l'industrie a pris la science pour guide et s'est identifiée avec elle au point d'être devenue, dans une foule de cas, une pure application de la science, ou, comme disait Bacon, une science active, les questions de ce genre sont habituellement susceptibles d'une double solution.

Il est rare que le même homme préside à tous les développements d'un art nouveau depuis le moment où cet art se détache à l'état embryonnaire du sein fécond de la science, jusqu'au moment où, adulte et en pleine possession de lui-même, travaillant à coup sûr et ayant créé en vue de produits identiques des moules d'où ceux-ci sortent constamment semblables à eux-mêmes, cet art peut être considéré comme ayant revêtu la robe prétexte de la pratique.

Généralement, dans la longue carrière qui sépare ce point de départ de ce point d'arrivée, le théoricien est relevé à mi-chemin par l'industriel : l'un a pris l'initiative, l'autre assume la réalisation.

Attendons-nous donc à voir l'histoire partager entre plusieurs l'honneur de l'invention qui nous occupe.

Vous informez-vous de celui qui le premier s'est servi de la pile pour appliquer les métaux les uns sur les autres, et dont le nom doit être inscrit en tête des fastes de l'orfévrerie galvanique? L'histoire répond : C'est un savant italien, c'est BRUGNATELLI, professeur à l'Université de Pavie, et sa découverte remonte au commencement de ce siècle.

Mais, ainsi que nous le verrons, Brugnatelli n'a fait qu'une expérience de laboratoire, et il sera amplement démontré qu'aucune exploitation industrielle n'eût pu être assise sur ses procédés.

Questionnons donc de nouveau l'histoire, et demandons-lui par qui, à l'expérience savante de Brugnatelli, un procédé industriel a été substitué ; en d'autres termes, et pour reproduire les expressions de M. Dumas, demandons qui nous a mis en mesure de fermer les ateliers si dangereux de dorure au mercure, et qui a rendu possible de transporter jusque dans les plus humbles chaumières l'usage agréable et salubre de l'argenterie ?

L'histoire répond : C'est à deux Anglais que nous le devons, à MM. Henri et Georges Richard Elkington, manufacturiers à Birmingham, et un laps de trente à quarante années sépare leur utile et inappréciable invention de la curieuse et de l'admirable découverte de Brugnatelli.

Brugnatelli, Henri et Richard Elkington : l'histoire a fini de parler.

De M. de Ruolz, elle ne sait rien, ne dit rien. Je parle de l'histoire de l'orfèvrerie, et non de celle des académies, ni de celle des contestations judiciaires, ni de celle qui s'écrit dans les feuilletons littéraires : ici et là nous retrouverons à chaque pas le nom de M. de Ruolz. Mais dans l'histoire des faits progressifs dont s'accroît l'édifice de nos connaissances et de nos pouvoirs : Néant !

Maintenant regardons autour de nous, consultons le présent, interrogeons la pratique. Demandons à M. Christofle les noms des inventeurs sur les procédés desquels repose sa puissante exploitation, ou plutôt ne lui demandons rien, regardons ; c'est dans la rue Vivienne qu'a été ouverte la première maison de vente établie par cet honorable industriel; elle subsiste; approchez et lisez :

PROCÉDÉS ELKINGTON
anciennement dénommés
De RUOLZ et ELKINGTON.

Ainsi, le nom de M. de Ruolz ne figure plus qu'à titre de mot à rayer dans un erratum écrit sur la devanture d'une boutique.

III

Mais l'histoire et les historiens ne sont pas toujours d'accord. Si la première se tait sur M. de Ruolz, les seconds, pour la plupart, ne parlent guère que de lui. J'ai sous les yeux l'œuvre de l'un d'eux : bien que datée de 1855, c'est-à-dire d'une époque où la lumière était faite sur toute cette affaire, et quoique cette œuvre fût alors à sa quatrième édition, elle continue d'assigner à M. de Ruolz le rôle d'inventeur que l'ignorance commune lui a d'abord accordé.

Tant de persistance à propager une erreur depuis longtemps démasquée, nous avait inspiré la pensée de compléter, par une histoire de l'orfévrerie voltaïque, l'exposition que nous méditions de faire de ses procédés. Plus récemment, un feuilleton dans lequel, à l'occasion des travaux de MM. de Ruolz et de Fontenay sur la cémentation de l'acier, l'historien dont il s'agit salue de nouveau dans le premier de ces deux chimistes l'auteur des inventions de MM. Elkington, nous avait confirmé dans notre dessein; un fait, dont nous devons communication au lecteur, nous décide à n'en plus différer l'exécution.

Dans son numéro du mois d'avril dernier, une revue considérable a inséré une communication relative (je cite le titre) à un *Nouvel alliage applicable aux usages industriels et à la fabrication des monnaies d'appoint de* MM. DE RUOLZ *et* DE FONTENAY.

Cet alliage contient un tiers de son poids d'argent fin associé à 25 ou 30 p. 100 de nickel et à 37 ou 42 de cuivre.

Les auteurs lui donnent le nom de *tiers-argent*.

D'après eux, il ressemble pour la couleur au platine ou à l'argent au second titre $\frac{800}{1000}$; le poli lui communique un éclat très-brillant. Sa dureté et sa ténacité sont extrêmes; il est ductile, malléable, très-difficilement fusible, sonore, inaltérable à l'air et sans odeur.

Sa pesanteur spécifique est un peu inférieure à celle de l'argent. On lui assigne plus d'un rôle : d'abord il se substituera dans l'orfévrerie et à l'argent et aux objets argentés ou dorés ; en outre, on propose d'en fabriquer une monnaie d'appoint inférieure à 5 francs.

C'est cet article qui nous met la plume à la main.

On croira sans peine que ce qui nous préoccupe, ce ne sont pas les difficultés d'ordre légal que pourra rencontrer l'emploi d'un tel alliage. Personne n'ignore que, d'après la loi de brumaire an VI, l'argent ne peut être fabriqué qu'à deux titres : $\frac{950}{1000}$, ou premier titre ; $\frac{800}{1000}$, ou second titre (1) ; et M. Odiot fils, qui doit s'y connaître, nous apprend même que « le premier titre est presque seul employé, le second ne servant guère que pour la confection de petites pièces pouvant à peine être classées dans l'orfévrerie, et pour celle des couverts de la fabrique de Strasbourg (2). » Mais ceci n'est pas notre affaire.

Ce qui est notre affaire, étant celle de tout le public, c'est l'attaque dirigée par l'article ci-dessus contre l'argenture électro-chimique. Voici comment il en parle.

D'après cet article, le nouvel alliage, ce nouveau tiers, qui n'est encore rien et qui aspire à être tout,

(1) Nous apprenons qu'un décret a levé ces difficultés.

(2) *Dict. du comm. et de la navig.*, art. *Orfévrerie*, t. II, p. 921.

remplacera les objets argentés et dorés. (Comment un alliage d'argent tiendra-t-il lieu de dorure ? mais passons.) Il remplacera donc les objets argentés ou dorés qui, dit l'article, « ont à la vérité l'avantage d'un extrême bon marché, mais se détériorent promptement, ne peuvent être réargentés ou redorés qu'un petit nombre de fois, après lequel il faut les remplacer, et en définitive entraînent à la longue une série de dépenses d'où résulte la confirmation de cet adage économique si populaire, à savoir « que rien n'est plus cher que le bon marché. »

Ainsi, à en croire l'auteur, le 89 de l'orfévrerie galvanique a sonné, et le règne du tiers-argent commence.

Mais ne nous en rapportons pas aveuglément au programme de ce prétendant, et voyons s'il est en état de tenir ce qu'il promet.

Est-ce le tiers-argent qui, réalisant les promesses que M. Dumas a faites naguère au nom de l'argenture, transportera jusque dans les plus humbles chaumières l'usage agréable et salubre de l'argenterie ?

Examinons cela.

Nous avons vu qu'avec un couvert d'argent M. Christofle en argente trente. Combien, avec un couvert d'argent, fera-t-on de couverts en tiers-argent ? Trois.

Avec 33,600 kilogrammes d'argent valant 6,700,000

francs, M. Christofle a produit 5,600,000 couverts; pour fournir le même nombre de pièces en tiers-argent il eût fallu 336,000 kilogrammes d'argent, le tiers environ de la production annuelle du globe, et valant 67,000,000 de francs.

Avec la quantité de métal précieux dont on a tiré 5,600,000 couverts, le tiers-argent en eût fait 560,000, et 5,040,000 personnes qui se servent aujourd'hui d'argenterie mangeraient dans l'étain.

Voilà où nous en serions!

Est-ce le tiers qui complétera ce *desideratum* formulé par M. Turgan, après l'avoir été par M. Dumas : « Tous nos ustensiles de cuisine, tous les vases destinés à contenir des matières alimentaires ne devraient-ils pas être argentés ? » Est-ce lui qui revêtira d'un vernis inoxydable les bassines du confiseur et du pharmacien, et protégera contre les agents atmosphériques et contre les vapeurs corrosives les appareils du physicien et ceux du chimiste? Est-ce lui qui, réunissant l'agréable à l'utile, rehaussera l'aspect de la multitude des petits objets précédemment énumérés, dont il assurera du même coup la durée? Évidemment non.

J'admets que le tiers-argent a tous les mérites qu'on lui attribue : il a la sonorité, l'inaltérabilité, il a l'éclat, il est salubre; j'admets si l'on veut qu'il joue la dorure ; je ne conteste point qu'il puisse recevoir d'utiles applications, je l'ignore ; mais ce que je n'accorde pas, c'est qu'il se substitue à l'argenture galvanique ; son rôle, s'il en a un à jouer, est autre, et ne saurait être que très-inférieur à celui de l'argenture.

Cependant ce qui nous étonne, et, avouons-le, ce qui nous émeut, ce n'est pas qu'on place le nouvel alliage au-dessus de l'ancien procédé ; ce qui nous blesse, c'est que M. de Ruolz, qui doit à l'argenture la popularité de son nom ; M. de Ruolz, que la voix publique s'obstine à désigner comme l'inventeur de l'argenture, et qui, à ce titre, a été récompensé par l'Académie et par l'État, et rémunéré par l'industrie privée, c'est, dis-je, que M. de Ruolz se rende complice de cette critique outrée de l'argenture et des attaques injustes dont elle est l'objet.

L'honorable rédacteur de l'article dont il s'agit nous apprend qu'il s'est aidé d'une note lithographiée de MM. de Ruolz et de Fontenay, note qu'il tenait de M. de Ruolz lui-même. Jusqu'où vont les emprunts que l'auteur de l'article a faits à l'auteur de la note ? Et l'article, quand il déprécie l'argenture, se borne-t-il à faire écho à la note ? Je ne sais. Mais ce qui est certain, c'est que M. de Ruolz a eu connaissance de la critique dirigée contre l'invention dont naguère il revendiquait si énergiquement l'honneur, et qu'il n'a pas protesté.

Un recueil scientifique hebdomadaire très-justement estimé vient, dans son numéro du 7 juin, de renouveler, en se l'appropriant, l'attaque éditée par la Revue précitée. M. de Ruolz a-t-il réclamé? Non.

Ce n'est pas tout. Au mois d'avril 1857, une commission composée de MM. Denière, Calla et Ledagre, faisait à la Chambre de commerce de Paris, par l'organe de ce dernier, un rapport sur l'alliage de MM. de Ruolz et Fontenay. Or, nous lisons dans ce rapport, très-défavorable à l'argenture, qu'un couvert argenté « n'a qu'une durée bornée, et comme valeur intrinsèque ne représente pour ainsi dire rien. » C'est sous une forme moins pittoresque l'argument ci-dessus cité de la Revue. M. de Ruolz, attaqué dans ses œuvres, et dans son œuvre la plus éclatante, s'est-il défendu? Non.

Nous y lisons encore que « l'argenture ne saurait avoir la prétention d'être un principe de sécurité pour l'hygiène publique. Elle couvre superficiellement, dit le rapport, du cuivre qui perce au bout de quelque temps, soit aux vives arêtes, soit dans les fonds, sous l'action du frottement et du contact. » C'est refuser à l'argenture le plus précieux des avantages que lui a reconnus la commission académique. M. de

Ruolz a-t-il pris la défense de l'Académie, sa propre défense contre la Chambre de commerce? Non.

Mais, bien antérieurement au rapport que nous venons de citer, M. de Ruolz avait eu l'occasion de présenter cette défense, peut-être l'a-t-il fait alors assez explicitement pour avoir désormais le droit de se taire. Voyons cela.

L'occasion naissait d'un mémoire publié, si nous ne nous trompons; en 1851, l'auteur disait :

« Il faut renoncer aussi à l'argenture sur couverts en laiton, en alliages de cuivre, de nickel. Alors même qu'ils sont neufs, ces couverts ne peuvent, sans danger, être laissés dans des préparations culinaires acides et grasses; une fois désargentés par places, ils produisent du vert-de-gris en quantité bien autrement sensible; et en dehors de ces accidents, dus à la négligence, ils mettent chaque jour en contact avec la bouche du cuivre dénudé qui, à la longue, nuit à bien des organisations débiles. »

Une voix s'éleva contre cette critique malveillante :

« C'est dans une pareille argumentation, disait-elle, que devient bien manifeste l'animosité personnelle de nos adversaires; non-seulement ils veulent nous enlever les droits que nous donnent des traités qui devraient être sacrés pour eux, mais encore ils attaquent une industrie que nous avons créée, et que M. Dumas, en 1841, appelait de tous ses vœux dans les termes suivants : « Des ustensiles en cuivre, laiton ou étain, « qui seraient dangereux ou désagréables, peuvent « recevoir la même opération (dorure ou argenture) « en couches plus épaisses et en devenir inaltérables « à l'air, inodores et d'un emploi salubre. »

Mais cette voix n'était pas celle de M. de Ruolz!

Il paraît même que c'était celle d'un de ses adversaires, car la réplique se termine ainsi : « MM. de Ruolz et..... (l'auteur du Mémoire) nous reprochent aujourd'hui d'avoir réalisé l'avenir prédit par le savant académicien. »

Et c'est à bon droit qu'on unissait ici le nom de M. de Ruolz à celui de l'auteur du Mémoire, car ce Mémoire, si hostile à l'argenture, était écrit, le croira-t-on?... en faveur de M. de Ruolz.

Ainsi voilà, à notre connaissance, trois attaques violentes contre l'orfévrerie électro-chimique, et M. de Ruolz n'est étranger à aucune d'elles. L'une émane d'un écrivain à qui il a fourni des notes et qui lui prête gracieusement la publicité dont il dispose; la seconde, d'un ami qui prend chaleureusement sa défense dans un mémoire imprimé; la troisième, des membres d'une commission favorable à l'invention qu'il leur a soumise. Tous ceux qui lui veulent du bien déprécient l'argenture; bien plus, les adversaires de l'industrie nouvelle ont en lui un allié. Lisez ceci :

« Depuis un certain temps, dit le rapport à la Chambre de commerce, la fabrique de l'orfévrerie exclusivement d'argent se préoccupe de la concurrence qui lui est faite par la nouvelle argenture, et des moyens de la combatire, par la recherche d'un alliage blanc qui, en conservant à l'argent massif toutes ses propriétés, permettrait d'en abaisser le titre, par conséquent le prix, et de lutter contre l'emploi de l'argent seulement en superficie. »

Et les auteurs du rapport espéraient trouver dans le tiers-argent l'alliage qui leur permettrait de lutter contre l'argenture voltaïque. Le titre de M. de Ruolz à leur bienveillance, c'est qu'il leur apportait des armes contre l'orfévrerie nouvelle !

Ainsi, c'est bien M. de Ruolz qui proteste contre les sympathies publiques acquises à l'orfévrerie électro-chimique ; c'est lui qui, dans ce progrès tant apprécié, entreprend de nous montrer un faux progrès ; dans ce bienfait un leurre ! M. de Ruolz laisse pour compte à M. Dumas les félicitations que M. Dumas adressait naguère à l'inventeur présumé et les espérances qu'il fondait sur l'invention. Certes, voilà une chose sans précédents, voilà qui est étrange, et cela donne à penser. Le chercheur heureux montre d'ordinaire plus de tendresse pour les découvertes dont il est certain d'être le père. M. de Ruolz parlait en d'autres termes de l'argenture, quand, s'en croyant l'auteur, il s'en faisait un titre à l'obtention du prix Montyon. Il y a longtemps que le néant de ses droits a cessé de faire doute pour qui a pris la peine d'étudier cette affaire. Le langage nouveau de M. de Ruolz est-il donc un indice que ses propres yeux se sont enfin ouverts à l'évidence? Salomon jugea que celle-là n'était pas la mère qui ne reculait pas devant la mort de l'enfant. La jurisprudence du sage monarque serait mortelle aux anciennes prétentions de M. de Ruolz.

Quoi qu'il en soit, son attitude actuelle facilite la tâche délicate de celui qui entreprend d'écrire l'histoire de l'argenture. Si petite que soit la place qu'une étude consciencieuse des faits le conduise à faire à M. de Ruolz, et même cette part fût-elle nulle, il peut s'attendre à voir M. de Ruolz suivre d'un œil indifférent ce travail de répartition. Quel tort lui ferait-on en démontrant qu'il est resté totalement étranger à la création de cette industrie illusoire dont les éphémères produits prouvent une fois de plus que rien n'est plus cher que le bon marché? D'un autre côté, le dédain qu'il professe aujourd'hui pour une branche de travail à notre avis très-digne d'estime, rend opportune la défense de celle-ci. Ainsi, d'une part, le travail historique ou critique se trouve simplifié, et d'autre part, le travail d'exposition technique prend un intérêt d'actualité. Nous ne différerons donc pas davantage l'accomplissement de cette double tâche ; à la seconde, nous nous efforcerons d'apporter toute la clarté désirable ; nous promettons de remplir la première avec impartialité, et l'exactitude nous sera rendue facile par l'abondance des documents positifs, mémoires scientifiques, rapports académiques, dépositions d'experts, arrêts des tribunaux, opinions des savants et pièces de polémique où nous puiserons nos informations.

Paris, 19 juin 1861.

PREMIÈRE PARTIE

DES ANCIENS PROCÉDÉS DE DORURE ET D'ARGENTURE.

PREMIÈRE PARTIE

DES ANCIENS PROCÉDÉS DE DORURE ET D'ARGENTURE.

CHAPITRE PREMIER

Ancienneté de l'orfévrerie d'or et d'argent et de l'orfévrerie d'imitation.

A la couleur et à l'éclat qui leur assignent le premier rang dans la décoration et dans la parure ; — à l'absence complète d'odeur et de saveur ; à l'inaltérabilité par l'air, absolue chez l'un, assez étendue chez l'autre pour rendre son entretien facile ; à l'immunité dont ils jouissent à l'égard des acides végétaux : propriétés négatives qui font d'eux non-seulement les plus salubres des métaux, mais des métaux d'une innocuité parfaite ; — à ce privilége unique d'une égale prééminence de beauté et de pureté, l'or et l'argent joignent encore les avantages suivants :

Pour se les procurer, l'homme n'a pas à briser la triple barrière derrière laquelle se dissimulent la plupart des métaux. Il n'est nécessaire ni d'aller les chercher dans les profondeurs du sol, ni de les séparer par un rude travail mécanique d'une enveloppe résistante de substances grossières; ni de les arracher par un dispendieux traitement à des combinaisons difficiles à rompre. Les roches quartzeuses primitives dans les fissures desquelles l'or s'est déposé originairement en filons ou en veines, désagrégées et triturées par les agents en jeu dans la physique du globe, ont formé de leurs débris roulés par les eaux, des dépôts sans consistance au sein desquels l'or se rencontre en paillettes, en grains, en masses amorphes ou pépites. Ainsi que l'argent, on le trouve à l'état natif, et c'est surtout sous cette forme qu'il est exploité. Tous les deux sont au nombre des métaux natifs les plus purs. Enfin, ils sont l'un et l'autre extrêmement fusibles, très-ductiles et très-malléables.

Ni leur extraction, ni leur traitement, ni leur mise en œuvre, ne présentent donc de grandes difficultés. Ils n'en offrent pas que ne puisse vaincre une civilisation naissante, aussi l'orfévrerie d'or et d'argent ne semble-t-elle pas moins ancienne que la société elle-même. « Abraham, dit la Genèse, était très-riche en bétail, en argent et en or (1). » On en faisait déjà des vases, des ornements, des statues, et l'art de travail-

(1) Ch. XIII, 3.

ler ces métaux a acquis de bonne heure une perfection telle que les anciens procédés n'ont été surpassés que depuis la création de la chimie moderne.

Mais les métaux précieux n'étaient pas assez abondants pour que les besoins de luxe et d'hygiène auxquels ils répondent si grandement, pussent recevoir satisfaction partout où ils se présentaient, si on n'eût trouvé l'art ingénieux d'accroître la somme d'utilité qu'on peut retirer d'une quantité donnée d'or et d'argent. L'orfévrerie massive est ordinairement le privilége des grandes fortunes; il n'en serait pas de même d'ouvrages qui, fabriqués en métaux ou en alliages vulgaires, emprunteraient aux métaux rares un vêtement de beauté et d'inaltérabilité. Grâce à cette parure et à cette protection, un corps humble d'aspect, et prompt à contracter au contact de l'air des propriétés toxiques, deviendrait admissible dans la décoration et dans les usages domestiques, où il remplirait, sous forme d'objets d'art et sous celle d'objets d'utilité, le même rôle agréable à l'œil et propice à la santé que jouent les ornements et les ustensiles uniquement faits de métaux précieux. La jouissance des propriétés de l'or et de l'argent serait mise ainsi à la portée d'un plus grand nombre et un premier pas serait fait dans ce travail de diffusion du beau et du bon si activement poursuivi par la civilisation moderne.

Les propriétés physiques et les affinités chimiques de l'or et de l'argent rendaient ce premier pas aisé;

aussi l'orfévrerie d'imitation remonte-t-elle à la plus haute antiquité.

De tout temps on a recouvert d'or et d'argent des vases, des statues, des ustensiles en métal. On voit dans Pline que les Romains connaissaient la dorure au mercure; leur procédé, à la vérité, différait du nôtre : au lieu d'étendre un amalgame d'or sur la pièce de cuivre, de bronze ou d'argent qu'on voulait dorer, on la frottait de mercure, puis on appliquait des feuilles d'or et au moyen de la chaleur on faisait évaporer le mercure. « Plusieurs objets de vaisselle en cuivre, trouvés à Pompéi, paraissent, dit M. de Luynes, être recouverts d'argent plaqué (1). » Pline nous apprend que bien avant l'époque où il vivait, les faux monnayeurs fabriquaient ce que, depuis, les numismates ont appelé des *monnaies fourrées;* l'âme en était en cuivre, l'enveloppe en argent, même sur la tranche, et parfaitement adhérente au métal intérieur. Mais les Romains n'avaient créé ni la dorure, ni l'argenture, ni le plaqué; on connaît des statuettes assyriennes en bronze plaquées d'électrum (2): Après eux, les Gaulois ont pratiqué le même art. M. Girardin a fait en 1847 l'examen de pièces gauloises trouvées à Avranches, elles étaient en cuivre recouvert d'argent (3). Une boucle de cuivre, couverte d'une feuille

(1) Exposition universelle de 1851. Rapport du XXIIIe jury, par M. le duc de Luynes, p. 107.

(2) M. de Luynes, *loc. cit.*

(3) *Leçons de chimie élémentaire appliquée aux arts industriels*, tome I, page 841.

assez épaisse d'argent allié de cuivre, a été découverte dans un cimetière mérovingien des environs de Dieppe. Des trouvailles analogues nous mèneraient graduellement à peu de distance du dix-huitième siècle, époque où un compagnon de la corporation des couteliers de Sheffield, Thomas Bolsover, renouvela entièrement l'art du plaqueur. Mais n'ayant ici d'autre but que de démontrer l'antiquité de l'orfévrerie d'imitation qu'on a crue d'origine récente, nous passons à la description des moyens qu'elle mettait en usage au moment de la découverte des procédés galvaniques.

CHAPITRE II

Dorure en feuilles, au chiffon et au mercure.

Trois procédés étaient en usage dans la dorure sur métal. L'un d'eux était purement mécanique, le second mécanique et physique. C'étaient la dorure en feuilles ou *or haché*, et la dorure au chiffon ou *or en drapeaux*. Dans la première, on appliquait de l'or en feuilles, au moyen du brunissoir, sur le métal couvert de petites hachures et convenablement chauffé ; dans le second, on frottait la pièce avec des cendres de chiffons imbibées de chlorure d'or et de cuivre : cela n'était ni solide, ni uniforme, ni riche, ni d'un emploi général. Le troisième procédé, fondé sur les affinités chimiques, avait au contraire toutes ces qualités. Lui seul mérite de nous occuper.

C'était la *dorure au mercure*, consistant à appliquer uniformément sur une pièce en cuivre, en bronze, on en argent, un amalgame pulvérulent, composé d'or dissous à chaud dans le mercure et amené, par filtration à travers une peau de chamois, à une consistance pâteuse. On sait qu'il ne se forme d'alliage entre deux métaux qu'autant que l'un d'eux est liquide; la dorure excluant la fusion, on a recours au mercure pour amener l'or à l'état requis : en outre, par son affinité pour les deux métaux, le mercure favorise la formation de l'alliage. Voici comment on procédait:

Le pièce ayant été décapée, à l'aide d'une brosse en fil de laiton très-fin dite *gratte-boësse*, on la frottait d'abord d'azotate de mercure; supposons cette pièce en cuivre, on déterminait ainsi la formation d'un amalgame de cuivre; ensuite, avec la même brosse métallique, on appliquait l'amalgame d'or, qui se combinait avec le précédent de manière que la pièce était recouverte d'un amalgame triple d'or, de cuivre et de mercure. On répétait cette double opération autant de fois que de besoin pour que la pièce fût uniformément recouverte. Après quoi on passait celle-ci au feû; la chaleur volatilisait le mercure et transformait l'amalgame en un alliage d'or et de cuivre solidement fixé au métal. L'objet doré, il n'y avait plus qu'à lui faire subir les préparations secondaires qui donnent à l'or la couleur et l'éclat.

La dorure par amalgame était fort belle et d'une grande solidité. Mais irréprochable au point de vue de l'art, elle donnait à l'humanité de graves sujets d'affliction. Cette brillante industrie comptait parmi les plus insalubres. Maniant le mercure, respirant ses vapeurs, les ouvriers doreurs voyaient leur santé s'altérer rapidement ; un grand nombre étaient atteints de tremblement mercuriel. M. Ravrio, riche fabricant de bronzes, qui se souvenait d'avoir été ouvrier, fit, en 1816, les fonds d'un prix de 3,000 francs à décerner par l'Académie des sciences à celui qui assainirait cet art meurtrier. Ce prix honorable fut décerné deux années après à Darcet, pour son invention d'un système de ventilation à l'aide duquel les vapeurs mercurielles entraînées, à mesure qu'elles se forment, dans un grand corps de cheminée, sont jetées par celle-ci au dehors. Mais soit que ce système de foyers d'appel n'ait pas entièrement supprimé le danger ; soit que les chefs d'atelier aient négligé de l'appliquer, bien que la construction en eût été rendue obligatoire ; soit enfin que l'insouciance habituelle des ouvriers en face des périls auxquels leur profession les expose, leur ait fait dédaigner l'emploi de ce moyen d'hygiène : toujours est-il que le mercure continua de faire des victimes. Les dangers de la dorure ne devaient être totalement supprimés que par l'application des procédés électro-chimiques.

CHAPITRE III.

Argenture au bouillitoire et à la feuille. Doublé de cuivre.

L'argenture peut se faire, mais ne se faisait pas par amalgame, et cette branche de l'orfévrerie était exempte de périls.

Trois procédés étaient en vigueur : l'un chimique, les deux autres physico-mécaniques, à peu près comme en dorure ; mais à l'inverse de ce qui avait lieu pour celle-ci, le moyen défectueux était fourni par la chimie.

Ce procédé chimique est celui du *bouillitoire.*

Du chlorure d'argent étant dissous dans l'eau, au moyen de chlorure de sodium, de sel ammoniac, etc., on plongeait dans ce bain des pièces de cuivre bien décapées. Ces pièces se recouvraient promptement d'une couche d'argent très-brillante. — La réparation des parties détériorées se faisait de la manière la plus simple en les frottant avec la *poudre à blanchir,* formée de chlorure d'argent humecté d'une dissolution saturée de sel marin. Le cuivre réduisait l'argent, qu'on rendait plus adhérent encore par une friction au moyen du brunissoir ou du *pouce.* De là *l'argenture au pouce* qui s'appliquait surtout à l'argenture des cadrans et des grosses pièces d'horlogerie, et des limbes ou cercles gradués, des instruments de physique. — M. Georges-Richard Elkington a breveté, le 14 juillet 1838, un perfectionnement apporté par lui au bouillitoire et consistant dans l'addition de bichlorure de mercure. Mais on n'obtient toujours, par cette méthode, qu'une sorte de blanchiment et non une argenture à épaisseur.

Les procédés mécaniques sont l'*argenture à la feuille* et le *plaqué*.

L'*argenture à la feuille*, analogue à la dorure en feuilles, consiste à appliquer à la surface d'un objet en cuivre bien décapé (1) des feuilles d'argent très-minces qu'on fait adhérer à l'aide de la chaleur et d'une pression longtemps exercée au moyen d'un brunissoir d'acier; on applique ordinairement 6 à 8 feuilles à la fois, et on en superpose ainsi de 30 à 60, suivant la solidité qu'on veut donner à l'argenture (2). C'est probablement ainsi que furent décorées les statues assyriennes en bronze dont il a été question plus haut, puisqu'elles n'ont été ni battues ni étirées.

Le *plaqué* ou plutôt le *doublé de cuivre*, inventé en 1742, par Bolsover, et perfectionné par un autre coutelier de Sheffield, Hancock, a pour matière première une feuille de cuivre rouge très-pur, intimement soudée, sur chacune de ses faces, à une feuille d'argent. Voici comment ce doublé et ce triplé se préparent :

(1) Plus anciennement on le sillonnait de petites hachures comme pour la dorure en feuilles.

(2) Girardin, *loc. cit.*, p. 841.

Une plaquette de cuivre étant enduite de borax humide, destiné à faciliter son adhérence avec l'argent, est recouverte, sur chaque face, d'une plaque de ce métal, puis mise au feu. La brasure opérée par l'action de la chaleur, la plaquette est laminée et réduite à l'épaisseur voulue. De cette feuille de doublé ou de triplé, au gré de la commande, l'ouvrier tirera ensuite un dieu, une table ou une cuvette.

Tels sont les moyens d'argenture que les procédés galvaniques ont aujourd'hui remplacés en tout ou en partie.

Mais l'électro-chimie ne s'est pas substituée directement aux procédés qu'on vient de décrire; entre l'art ancien et l'art nouveau se place la dorure dite *au trempé* ou *par immersion*, et non pas seulement dans l'ordre chronologique, mais aussi selon l'ordre technique. Nous allons voir, en effet, que cette dorure par immersion repose sur l'invention de bains dont la tendance chimique est identique à celle des bains employés dans l'orfévrerie voltaïque. La dorure par immersion forme donc à ce point de vue, et ce point de vue est d'une importance décisive, une sorte d'introduction à la dorure électro-chimique; aussi, dans les longs débats dont nous aurons à rendre compte, a-t-on fait remonter jusqu'à la première les questions d'histoire ou de priorité qui s'agitaient à propos de la seconde. La dorure au trempé réclame donc de nous une attention particulière.

CHAPITRE IV

Dorure au trempé ou par immersion.

Soit une dissolution métallique. Si dans cette dissolution on introduit un métal plus oxydable que le métal dissous, les phénomènes suivants se produisent aussitôt :

1° Le métal dissous est expulsé de la combinaison dans laquelle il entrait ;

2° Il y est remplacé équivalent pour équivalent par le métal oxydable ;

3° Il se dépose à la surface de celui-ci.

Supposons, par exemple, le cas d'une dissolution de sulfate de cuivre dans laquelle on plonge une lame de fer. Le fer, étant plus oxydable que le cuivre, s'oxyde aux dépens de l'oxyde de cuivre. Celui-ci se trouve donc ramené à l'état métallique en même temps que l'oxyde de fer produit se dissout et se combine avec l'acide sulfurique ; enfin le cuivre métallique se dépose à la surface de la lame de fer. Finalement la réaction a pour produits : une lame de fer recouverte de cuivre et une dissolution de sulfate de cuivre.

De même, lorsque dans un sel d'or ou d'argent dissous on introduit une lame de fer, de zinc, de cuivre ou d'étain, métaux plus oxydables que les deux premiers, l'or ou l'argent est déplacé de sa combinaison et se dépose à la surface du métal dont l'oxyde remplace le sien dans la dissolution primitive.

C'est sur ce principe : que les *métaux plus oxydables précipitent de leurs dissolutions les métaux moins oxydables*, qu'est fondée la dorure au trempé.

Elle consiste à immerger la pièce qu'on veut dorer dans un bain alcalin d'or fait principalement avec du chlorure d'or et du bi-carbonate de potasse.

Voici comment on prépare le bain :

On dissout de l'or dans l'eau régale, ce qui le convertit en perchlorure d'or ; on le mêle ensuite avec une dissolution d'un grand excès de bi-carbonate de potasse, et on fait bouillir assez longtemps. Le but de cette ébullition prolongée est de tranformer le perchlorure en proto-chlorure, ce dernier sel convenant beaucoup mieux que l'autre à la dorure. Comme la présence de traces de matières organiques facilite cette réduction, il convient que le bi-carbonate de potasse employé ne soit pas très-pur. Au besoin l'addition à la liqueur d'un peu d'acide oxalique ou de sel d'oseille, etc., remplirait le même but, c'est-à-dire ramènerait le perchlorure au minimum. En résumé, on obtient un liquide formé d'une combinaison de proto-chlorure d'or et de chlorure de potassium dissoute dans un liquide très-chargé de carbonate et même de bi-carbonate de potasse (1).

Le bain préparé et les pièces à dorer, en laiton, en bronze ou en cuivre, ayant été bien décapées, on les suspend à une tige de métal qu'on tient à la main au moyen de fils métalliques, et on les plonge dans la liqueur bouillante; la dorure s'applique immédiatement, une portion du cuivre de la pièce se dissolvant pour remplacer l'or qui se précipite.

Ainsi l'amalgame d'or est supprimé et remplacé par une dissolution inoffensive d'aurate de potasse dans un bain de bi-carbonate de la même base.

Ce procédé a été breveté en France, le 11 octobre 1836, par M. Henri Elkington.

Par ce brevet, M. Elkington ne revendique ni l'invention de la dorure par immersion, ni celle du bain d'or qui vient d'être décrit : la dorure par immersion avait été non pas pratiquée, mais essayée longtemps avant lui; le bain composé par Pelletier était connu depuis longtemps et décrit dans une foule d'ouvrages.

Mais personne avant M. H. Elkington n'avait songé à employer pour la dorure ce bain connu de tout le monde; personne même ne lui connaissait la propriété de dorer le cuivre et les alliages de ce métal. Et faute d'un bain convenable, la dorure par immer-

(1) *Rapport sur les nouveaux procédés introduits dans l'art du doreur, par MM. Elkington et de Ruolz.* — *Comptes-rendus des séances de l'Académie des Sciences.* — Séance du 29 novembre 1841.

sion restreinte aux proportions d'une expérience de chimie n'avait pu franchir la distance du laboratoire à l'atelier.

L'invention de M. Elkington consiste donc en ceci, qu'il a rendu industrielle la dorure au trempé en lui affectant un liquide dont il a su discerner les propriétés spéciales.

Le rôle de ce liquide lui vient de ses propriétés alcalines ; la nouveauté du procédé Elkington consiste donc dans l'emploi d'un bain alcalin.

Avant lui on avait tenté de dorer tantôt dans des bains neutres et tantôt dans des bains acides. Les uns, pour dorer le cuivre, le plongeaient dans une solution neutre de chlorure d'or très-étendu, qui, du reste, ne tardait pas beaucoup à devenir acide; les autres le plongeaient dans une solution acide de chlorure d'or.

Les premiers n'obtenaient qu'une couche d'or sans fixité; les seconds voyaient le métal attaqué avec trop d'énergie, noircir, s'altérer, et n'obtenaient qu'une précipitation tumultueuse d'or sans continuité et sans adhérence.

Ni l'un ni l'autre de ces procédés ne pouvaient entrer dans la pratique.

Par l'emploi d'un bain à réaction alcaline, M. H. Elkington résolut la difficulté qui avait arrêté ses devanciers. Les propriétés acides du chlorure étant masquées par un sel alcalin, les molécules métalliques précipitées purent obéir à la force d'agrégation et former un dépôt régulier, continu, adhérent. Un art nouveau fut créé.

A peine né, il suscita des contrefacteurs ; les bénéfices considérables qu'en retira la maison Elambert, par qui le droit de l'exploiter avait été acquis dès 1836, excitèrent leurs convoitises : c'est dire que le droit de priorité de M. Henri Elkington fut violemment contesté. Cependant, les plus ardents contradicteurs de l'inventeur anglais ne tenaient pas directement à lui ravir l'honneur d'avoir fait de la dorure par voie humide un procédé industriel; mais obscurcir ses titres à cet égard était le seul moyen qu'ils eussent de les rendre incertains sur un autre point qu'ils avaient bien plus fortement à cœur, à savoir, sur la création de la dorure galvanique. Nous verrons en effet que les dissolutions alcalines ne jouent pas un rôle moins décisif dans les procédés électro-chimiques que dans celui du trempé. Donc, ne pouvant revendiquer contre M. Henri Elkington l'emploi de ces solutions, on essaya de l'en dépouiller au profit des morts. Ces triomphes posthumes n'ont rien d'humiliant ni d'onéreux pour l'amour-propre ni pour les intérêts de ceux qui les font; au contraire. A part le laborieux inventeur, chacun y trouve son compte; le prétendant malheureux et jaloux une fiche de consolation, le contrefacteur âpre au gain illicite une sauvegarde. La poussière des bouquins oubliés fut donc secouée ; on compulsa les vieux recueils français et étrangers, les antiques collections de recettes et de secrets. Cherchez, et vous trouverez! On trouva que la dorure par immersion dans des bains contenant des sels de potasse, de soude ou d'ammoniaque, avait été anciennement pratiquée ; seulement ce qu'on ne voulut pas voir, c'est que dans tous ces bains des acides énergiques saturaient les alcalis.

Aucun de ces prédécesseurs de M. Elkington évoqués contre lui n'avait fait emploi de bains à réaction alcaline.

Par exemple, on cita une recette pour dorer l'argent, empruntée à un vieux recueil de *Secrets concernant les arts et métiers*. La voici traduite en langage chimique moderne : Azotate de potasse traité à chaud par l'acide sulfurique ; sulfate de soude ; évaporer à siccité ; dissoudre le résidu ; ajouter à la dissolution de l'oxyde d'or. — Et on donna ce bain comme alcalin !

On cita en outre ceci : Une partie de chlorhydrate d'ammoniaque ; une partie de chlorure de mercure ; dissoudre le mélange à l'aide de l'acide azotique ; y faire dissoudre l'or fin battu en lames minces. La recette s'intitule : *Façon de dorer à la manière des Grecs ;* l'argument ne pourrait-il pas s'intituler : Façon de discuter à la manière des Grecs ?

On cita encore Brugnatelli, que nous retrouverons devant nous quand nous raconterons les origines de l'orfèvrerie galvanique ; ce sera le moment d'exposer ses travaux, et on appréciera la valeur de l'argument qu'on lui empruntait.

Ces arguments n'ont eu de succès ni auprès des chimistes ni auprès des juges. Tous les chimistes dont les noms suivent, MM. Balard, Payen, Peligot, Pelouze, Fremy, Barral, Chevallier, Cahours, Gay-Lussac, Gauthier de Claubry, Orfila, s'accordèrent à déclarer qu'avant M. H. Elkington aucun essai de dorure par la voie humide n'avait eu de succès, et cela parce que personne avant lui n'avait eu l'idée de remplacer les dissolutions acides par des dissolutions à base de potasse et de soude.

« Malgré les nombreux travaux effectués, depuis la fin du siècle dernier, sur les sels d'or, il faut, dit M. Barral, arriver jusqu'au mois d'octobre 1836 pour trouver la réponse à cette question : Comment neutraliser une portion de l'acide de perchlorure d'or? C'est à cette époque que M. Elkington prit, en Angleterre et en France, des brevets pour l'invention du bain d'or au bicarbonate de potasse. Avant M. Elkington, on savait qu'en ajoutant un grand excès d'alcali à une solution d'or dans l'eau régale, tout l'or restait en dissolution. Macquer, Proust, Duportal, Pelletier et plusieurs autres chimistes, dans des travaux plus récents, avaient constaté ce fait par plusieurs expériences; mais aucun d'eux n'avait songé à se servir de cette dissolution pour précipiter l'or sur les métaux usuels, en couche continue et adhérente, c'est-à-dire pour dorer; aussi c'est l'usage qu'en a fait M. Elkington pour remplacer la dorure au mercure et obtenir des produits nouveaux, c'est-à-dire tous les bijoux légers dont la délicatesse ne résistait pas à l'action corrosive de l'amalgame, qui constitue son invention (1). »

Enfin la Cour d'appel de Paris, rejetant une demande en déchéance du brevet Elkington, a émis le considérant suivant :

« . . . . . . Qu'à la vérité le bain d'or alcalin, tel qu'il est composé par Elkington, était connu depuis longtemps et décrit dans les ouvrages de plusieurs chimistes, mais que personne ne lui avait reconnu la propriété de dorer les objets en cuivre ou en alliage de ce métal; que du moins il n'est justifié d'aucune publication qui ait indiqué le bain d'or alcalin comme ayant la propriété de dorer ces objets; qu'ainsi, jusqu'à l'obtention du brevet, la découverte était restée purement scientifique, et que c'est Elkington qui le premier en a fait l'application spéciale et positive à l'industrie de la dorure ; qu'il a donc pu par l'obtention d'un brevet s'assurer en France la jouissance exclusive du procédé nouveau par lui importé. »

Ceci, du reste, n'est plus contesté par personne, et c'est un point d'histoire réglé ; ouvrez le *Traité d'électricité et de magnétisme*, de M. Becquerel, et vous y lirez que : « dans le procédé Elkington il y a une très-grande innovation ; c'est la substitution d'un bain d'or alcalin à un bain acide (2). »

Dans un excellent *Cours de chimie*, rédigé à l'usage

(1) *Mémoire sur la précipitation d'or*, p. 5.
(2) *Loc cit.*, t. II, p. 201.

des lycées, et qui vient de paraître à la librairie Hachette, l'auteur, M. Boutet de Monvel, dit : « C'est à M. Elkington qu'on doit d'avoir montré que l'on ne pouvait obtenir de bons résultats et une dorure ou une argenture résistante qu'à la condition de mettre le sel d'or en présence d'un sel alcalin (1). »

La question d'histoire résolue, parlons de la valeur du procédé.

Sous le rapport hygiénique il est irréprochable, puisque à l'amalgame il substitue des substances tout à fait inoffensives.

Sous le rapport de l'art, il offre les avantages suivants :

Adhérence parfaite ; — entière égalité de surface, ce que ne donne pas la dorure au mercure, où les parties saillantes prennent plus d'or que les autres ; — éclat égal, sinon supérieur à celui de la dorure par amalgame ; — plus de résistance que cette dernière aux actions atmosphériques : après plusieurs années des bijoux au trempé avaient conservé toute leur beauté. — Quant à la solidité elle serait à l'abri de toute critique, puisque, d'après M. Truffaut, mandataire de M. Elkington, les objets dorés par immersion résistent à la gratte-boësse (2).

Cependant M. Dumas, dans le rapport mentionné

(1) *Loc cit.*, p. 458.

(2) Observations adressées au nom de M. Elkington à l'Académie des sciences, sur le rapport de M. Dumas, du 29 novembre 1841. — Séance du 13 décembre 1841.

au début de ce travail, reprochait au nouveau procédé de ne « fixer qu'une quantité d'or tellement faible à la surface de la pièce, qu'il est impossible à la meilleure dorure par voie humide d'atteindre l'épaisseur à laquelle la plus mauvaise dorure au mercure est forcée d'arriver (1); » et il se fondait sur l'essai de diverses plaques dorées, les unes au mercure, les autres par voie humide, par les soins de divers fabricants de bronze. Dans ces expériences, la meilleure dorure par voie humide n'avait fixé que 0g,0422 d'or par décimètre carré, tandis que la plus pauvre dorure au mercure en avait pris 0g,0428. A quoi M. Truffaut répondait dans la lettre précitée :

« Si M. Dumas avait voulu prendre la peine de nous consulter à cet égard, nous croyons qu'il nous eût été facile de rectifier l'erreur dans laquelle la commission est tombée. En effet, cette dorure au trempé, que l'on compare à la plus mauvaise dorure au mercure, lui est cependant supérieure par la beauté et l'éclat, alors même qu'elle n'a reçu qu'une première couche ; mais il est facile de donner aux objets des couches d'or successives, de manière à atteindre et même à surpasser la dorure au maximum par le mercure, ainsi que l'Académie peut s'en convaincre par les échantillons que nous avons l'honneur de soumettre à son appréciation. »

(1) Dumas. *Rapport sur les nouveaux procédés introduits dans l'art du doreur, par MM. Elkington et de Ruolz.*

Cependant la dorure au trempé résultant, comme on l'a vu précédemment, de l'action de la pièce à dorer sur la dissolution dans laquelle on la plonge, il paraît évident que le dépôt doit cesser dès que cette pièce est recouverte d'or; dès lors on ne comprend pas comment des immersions successives peuvent accroître l'épaisseur de la dorure.

Quoi qu'il en soit, un inconvénient bien avéré de ce procédé est qu'il ne peut s'appliquer avec succès qu'à des objets de faible volume, à des bijoux, par exemple, et seulement à des bijoux en cuivre ou en alliages de cuivre, cas dans lequel il a une supériorité marquée sur l'amalgame. Réduit à cette application restreinte, il constituait encore, suivant les expressions de M. Dumas, « une nouvelle et très-intéressante industrie. » Mais cette limitation empêchait de le mettre en parallèle avec la dorure au mercure, et on ne peut qu'approuver cette conclusion du rapporteur de l'Académie : « Ce sont deux industries distinctes, l'une ne peut pas remplacer l'autre. »

La dorure galvanique pouvait seule remplacer la dorure au mercure; mais, malgré cela, à cause de cela même, la suite montrera que les pages consacrées à la dorure par immersion sont des pages bien employées.

DEUXIÈME PARTIE

DESCRIPTION DES PROCÉDÉS DE DORURE ET D'ARGENTURE ÉLECTRO-CHIMIQUES.

DEUXIÈME PARTIE

DESCRIPTION DES PROCÉDÉS DE DORURE ET D'ARGENTURE ÉLECTRO-CHIMIQUES.

CHAPITRE PREMIER

Du rang de la dorure et de l'argenture dans la galvanoplastie.

Nous abordons la description de la dorure et de l'argenture, sans nous préoccuper de savoir par qui elles ont été inventées ; l'histoire de la découverte ne viendra qu'après la description des procédés.

C'est une marche diamétralement opposée à celle que l'on suit d'habitude ; mais c'est la marche logique.

L'histoire d'une science ou d'une industrie a sa clef dans cette science même ou dans cette industrie. Pour qui connaît mal celles-ci, l'histoire en est difficilement intelligible. Comment, n'ayant qu'une idée vague du but à atteindre, pourrait-on apprécier les directions suivies? à l'aide de quel critérium ferait-on la part de chacun? Nous procéderions autrement si nous ne voulions que faire adopter au lecteur notre opinion équitable ou non; nous devons procéder comme nous allons le faire si nous avons pour but de mettre le lecteur en mesure de se former une opinion motivée.

La dorure et l'argenture galvaniques sont une branche de la galvanoplastie.

La galvanoplastie, personne ne l'ignore, est l'art de déposer au moyen de la pile sur un objet métallique ou métallisé, en couches cohérentes et moulées exactement sur lui, un métal extrait par l'action voltaïque de la dissolution dans laquelle cet objet est plongé.

Suivant les conditions de l'expérience, le métal précipité adhère intimement au corps sur lequel on opère, ou s'en laisse aisément détacher.

Dans le second cas, l'opération donne un moule exact de la pièce plongée dans le bain; c'est la galvanoplastie proprement dite. Dans le premier cas, l'opération a pour produit la pièce elle-même revêtue d'une enveloppe plus ou moins épaisse du métal précipité.

A cette dernière catégorie appartiennent la dorure et l'argenture galvaniques qui, seules doivent nous occuper.

Comme tout art fondé sur la science, l'orfévrerie

électro-chimique nous offre à considérer des principes d'abord, des procédés ensuite.

CHAPITRE II

Principes de la dorure et de l'argenture.

Tout liquide conducteur de l'électricité est décomposé par le courant qui le traverse, et ses éléments constitutifs se portent, les uns au pôle positif et les autres au pôle négatif de la pile.

Supposons que dans un vase contenant de l'eau dont on a augmenté le pouvoir conducteur par l'addition d'un peu d'acide sulfurique, on introduise les fils ou les plaques métalliques formant les deux extrémités ou les pôles d'une pile en activité; l'action décomposante de l'électricité s'exerce immédiatement sur l'eau qui se réduit en oxygène et en hydrogène; le premier de ces gaz se porte au pôle positif, le second au pôle négatif.

Si l'eau traversée par le courant tient des sels métalliques en dissolution, ces sels sont décomposés en même temps que l'eau; l'acide et l'oxyde sont séparés l'un de l'autre, et dans l'oxyde le métal est séparé de l'oxygène; enfin le métal réduit se porte au pôle négatif en même temps que l'oxygène et l'acide se portent au pôle positif. Est-ce sur un sel de cuivre, sur un sulfate par exemple que la décomposition électro-chimique s'opère? Le cuivre se portera au pôle négatif, l'oxygène et l'acide sulfurique se porteront au pôle positif.

Maintenant admettons que les lames métalliques qui forment ces deux pôles soient composées d'un métal oxydable, et voyons ce qui se passera.

Au pôle positif, l'oxygène du métal réduit s'unira à la lame métallique, et l'oxyde ainsi formé se combinant à l'acide provenant du sel décomposé, un nouveau sel prendra naissance. Au pôle négatif, on n'observera rien autre chose que le dépôt du métal à la surface de la lame constituant ce pôle.

Enfin, car nous touchons au terme de ces préliminaires, admettons que la plaque formant le pôle positif soit composée du même métal que celui qui est en dissolution (cas dans lequel cette plaque prend le nom d'*anode* ou d'*électrode* soluble); l'oxyde produit au pôle positif, en s'unissant à l'acide devenu libre reconstituera donc le sel décomposé; par conséquent, quelle que soit la quantité de métal réduit et déposé au pôle négatif, la dissolution sera maintenue sensiblement au même degré de concentration.

Par exemple, que dans une dissolution d'or et d'argent, l'électrode soluble soit formée d'une lame d'or ou d'argent; à mesure que l'or ou l'argent réduit se déposera au pôle négatif, une quantité à peu près équivalente d'or ou d'argent, fournie par le pôle positif, entrera dans la dissolution, et celle-ci retrouvant d'un côté ce qu'elle perdra de l'autre, le travail électro-chimique continuera de s'exercer avec la plus grande régularité.

Cela dit, le principe voltaïque de la dorure et de l'argenture est connu. Mais l'art qui nous occupe appartient à l'électro-chimie ; exposons donc maintenant ses principes chimiques.

On conçoit, en effet, qu'il ne suffise pas de plonger dans un bain quelconque d'or ou d'argent les deux pôles d'une pile et d'attacher à l'un une plaque d'or ou d'argent, à l'autre l'objet qu'on veut dorer ou argenter, pour obtenir une argenture ou une dorure convenables.

La composition chimique du bain joue naturellement un rôle considérable.

Par exemple, que ce bain soit un chlorure d'or, on obtiendra un dépôt noir; qu'au contraire la dissolution soit alcaline, on verra le métal précipité revêtir cette nuance jaune qu'on recherche dans les objets dorés. Ici, comme dans la dorure par immersion, les meilleures dissolutions sont celles de sels doubles à réaction alcaline, et l'expérience a montré que les cyanures sont ceux auxquels la préférence doit être accordée.

Pour l'argenture, le bain se compose de cyanure double de potassium et d'argent dissous dans un excès de cyanure de potassium ou prussiate blanc.

Pour la dorure : cyanure double de potassium et d'or dissous dans un excès de cyanure de potassium.

Si on soumet la première dissolution à l'action de la pile, le cyanure d'argent est seul décomposé ; l'argent se porte au pôle négatif, le cyanogène au pôle positif; et le cyanure de potassium s'élève à la surface du bain.

De même si on opère sur la deuxième solution, le cyanure d'or est seul réduit et des phénomènes analogues se produisent.

A-t-on mis au pôle négatif une pièce à dorer ou à argenter? elle se recouvre d'or ou d'argent. A-t-on placé au pôle positif une plaque de l'un ou de l'autre de ces métaux? cette plaque est attaquée par le cyanogène, et il se forme un cyanure qui, se dissolvant dans le cyanure de potassium libre, redescend avec lui dans le bain sous forme de double cyanure.

L'argenture et la dorure s'opéreraient d'une façon tout aussi satisfaisante si dans la composition du bain, au cyanure de potassium mis en contact avec le cyanure d'argent, on substituait les cyanures ferrugineux, soit le cyanoferrure de potassium, ou prussiate jaune, soit le cyanoferride de potassium, ou prussiate rouge. Sous l'influence de la pile ces dissolutions se décomposent de la même manière que le cyanure de potassium et donnent les mêmes résultats industriels.

C'est ce que va nous montrer l'expérience suivante faite par M. H. Bouilhet.

Ayant pris 10 grammes de chacun de ces sels dissous dans un demi-litre d'eau, il les a soumis à l'influence de la pile, après avoir mis au pôle négatif de petites cuillers à café et au pôle positif des plaques d'argent. La durée de l'expérience étant la même pour les trois dissolutions, chaque cuiller a pris la quantité suivante d'argent :

	gr.
dans le prussiate blanc	0, 132
dans le prussiate jaune	0, 125
dans le prussiate rouge	0, 120

« Les différences d'argent déposé proviennent sans doute, dit l'auteur, de la difficulté qu'il y avait à mettre en contact chaque dissolution avec une pile dont l'action fût parfaitement identique (1). »

Est-ce à dire que l'agent de la dorure et de l'argenture varie dans chacun de ces cas avec la dissolution employée, et, par exemple, le fer des prussiates ferrugineux a-t-il une action sur les résultats? C'est précisément à l'étude de cette question qu'est consacré le mémoire auquel nous venons de faire un premier emprunt. Cette question, M. H. Bouilhet, ou plutôt l'expérience interrogée par lui, la résout par la négative. Non, l'agent de la dorure ne change pas avec le prussiate, et quel que soit celui qu'on emploie, le résultat de la réaction est toujours le même : on obtient du cyanure double de potassium et d'argent ou d'or,

(1) *Mémoire sur le cyanure double de potassium et d'argent, et sur son rôle dans l'argenture électro-chimique*, par M. H. Bouilhet. — *Annales de chimie et de physique*, 3me série, tome XXXIV.

et c'est à ce sel qu'appartient exclusivement, dans les cas susdits, la propriété d'argenter ou de dorer. Quant au fer des prussiates jaune et rouge, il est absolument sans influence sur l'opération.

Ce point étant d'une importance majeure, on nous permettra d'insister.

Ayant fait dissoudre du cyanoferrure de potassium (ou prussiate jaune), dans l'eau, M. Bouilhet ajouta à la solution du cyanure d'argent (8 de cyanure pour 1 de prussiate). Le cyanure sous l'influence de l'ébullition changea de couleur, et au bout d'un certain temps, fut remplacé par un précipité bleu sale ; après une heure d'ébullition, la liqueur fut filtrée : elle était incolore et contenait un sel cristallisable.

Cette dissolution avait la propriété d'argenter. Jusqu'à quel point la devait-elle au fer ? c'est ce que l'expérience suivante va nous dire :

Une partie de la dissolution évaporée à siccité et calcinée dans un creuset de porcelaine, jusqu'à destruction du cyanogène, puis reprise par l'acide nitrique, fut soumise aux réactions qui révèlent la présence du fer. Elles n'en décelèrent pas la moindre trace. Ainsi, le fer était resté sur le filtre et totalement absent de la liqueur il n'avait en rien contribué à l'argenture.

Quel est ce sel doué, à l'exclusion du fer, de la propriété d'argenter?

L'analyse qualitative le montre composé des éléments suivants :

Cyanogène;
Potassium;
Argent.

Dans quelles proportions ces éléments étaient-ils combinés et quelle formule devait-on leur assigner?

En centièmes la composition du sel est :

	trouvé	atomes	calculé.
Argent	54, 33	1	54, 27
Potassium	19, 63	1	19, 60
Cyanogène	26, 65	2	26, 13
	100, 61		100, 00

D'où suit que ce sel n'est autre que le cyanure double de potassium et d'argent.

L'agent de l'argenture, quand on se sert du cyanoferrure de potassium, est donc en définitive le cyanure double de potassium et d'argent exactement comme quand on se sert du cyanure de potassium, et l'emploi du prussiate jaune est comme une voie détournée menant au but qu'on atteint directement quand on emploie le prussiate blanc.

Mais par quelle réaction le prussiate jaune mis en contact avec le cyanure d'argent, a-t-il donné naissance au cyanure double de potassium et d'argent? Ici nous laisserons parler M. Bouilhet.

« Quand on met un sel d'argent en contact avec du ferrocyanure de potassium, il se fait un sel de potassium et du ferrocyanure d'argent. Ce dernier est trèsinstable; il se dédouble facilement au contact de l'air, en protocyanure de fer et cyanure d'argent.

« Ce cyanure d'argent agit lui-même comme sel d'argent, et reforme du ferrocyanure d'argent et un sel de potassium qui est là le cyanure simple de potassium.

« Ce dernier, en contact avec le cyanure d'argent, forme le sel double que nous avons retrouvé, qui seul est soluble, tandis que les autres éléments restent à l'état de précipité, ou se précipitent par le refroidissement. »

M. Bouilhet a examiné le précipité bleu verdâtre laissé par le bain de prussiate jaune et de cyanure d'argent; ce précipité est formé de protocyanure de fer.

Ainsi les produits de la réaction sont : cyanure double de potassium et d'argent, protocyanure de fer.

« ... Il est bien évident, ajoute l'auteur, que s'il se forme du cyanure double de potassium et d'argent, le cyanure de potassium existe dans la liqueur. En effet, la solution est alcaline, quoique les éléments n'aient pas cette réaction, étant isolés. Le cyanure double lui-même n'est pas alcalin; il faut donc que ce soit le cyanure de potassium, dont la réaction est alcaline et qui se forme par la réaction du cyanure d'argent sur le cyanoferrure qui existe dans la liqueur. »

M. Bouilhet a répété sur le cyanoferride de potassium, ou prussiate rouge, les études qu'il avait faites sur le prussiate jaune.

Les proportions étaient les mêmes que ci-dessus.

« J'ai eu immédiatement, écrit-il, un précipité bleu verdâtre d'une couleur beaucoup plus intense que dans le cas précédent.

« Par une ébullition prolongée, le précipité est devenu rouge brique, et la dissolution s'est complétement décolorée.

« Une partie de la dissolution filtrée, évaporée dans un creuset, et calcinée de manière à détruire le cyanogène, puis reprise par l'acide nitrique, n'a pas donné de précipité par les réactifs qui servent à déceler la présence du fer. Le fer était donc encore complétement éliminé, et cependant cette dissolution jouissait de sa propriété distinctive, c'est-à-dire de déposer une couche d'argent continue et adhérente sous l'influence de la pile. »

En appliquant à ce nouveau sel les méthodes d'analyse employées pour le sel précédent, l'auteur l'a trouvé ainsi composé :

	trouvé	atomes	calculé
Argent	53, 98	1	54, 27
Potassium	19, 68	1	19, 6
Cyanogène	26, 68	2	26, 13
	100, 34		100, 00

C'est-à-dire, qu'ici encore nous sommes en présence du cyanure double de potassium et d'argent.

« Donc, dans le prussiate rouge, comme dans le prussiate jaune et dans le prussiate blanc, le sel qui effectue l'argenture est bien le cyanure double de potassium et d'argent. »

Nous ne suivrons pas l'auteur dans l'étude de la réaction qui produit ce cyanure double, elle paraît être de même nature que celle qui se passe quand on emploie le prussiate jaune; seulement il se ferait du sesquicyanure au lieu de protocyanure de fer.

« En résumé, dit M. Bouilhet, quel que soit le prussiate que l'on emploie, cyanure simple alcalin, cyanoferrure, cyanoferride de potassium, pour en faire un bain propre à l'argenture, en ajoutant à l'un de ces sels du cyanure d'argent ou tout autre sel d'argent, on obtient une dissolution d'un seul et même sel : *le cyanure double de potassium et d'argent.*

$$CyK, \quad CyAg.$$

« Cette dissolution, dans les trois cas, effectue bien l'argenture.

« Dans les trois cas, l'agent de l'argenture est le même, jouit des mêmes propriétés, quoique les matières qui ont servi à le produire aient des propriétés différentes. »

Etendant cette théorie à toutes les solutions qui ont été proposées, il ajoute que la substitution d'un équivalent à un autre ne change pas les réactions : « On argente toujours d'après les mêmes principes. On forme un sel double d'argent et d'une base alcaline plus stable que tous les sels simples d'argent, et qui, sous l'influence de la pile, se décompose en ses éléments. »

Les mêmes considérations étant applicables à la dorure, nous n'insisterons pas.

CHAPITRE III

Pratique de la dorure et de l'argenture.

Nous ne nous occupons ici que de la partie électro-chimique des opérations, renvoyant à un autre chapitre l'étude des pratiques communes à l'ancienne orfévrerie et à la nouvelle.

Ainsi nous ne disons rien ni des manipulations antérieures à l'immersion dans le bain, qui préparent les pièces à recevoir le dépôt métallique, ni de celles postérieures à l'immersion, qui achèvent de donner le poli, l'éclat et la couleur aux objets dorés ou argentés.

Le but de ce chapitre étant non-seulement d'initier le lecteur aux procédés scientifiques de l'orfévrerie électro-chimique, mais encore de le mettre en état de s'orienter dans l'histoire de cette industrie, il importe que nous acquérions une connaissance précise de ses procédés; nous avons donc dû nous mettre en quête d'un guide sûr; ce guide, nous le trouvons encore dans M. Bouilhet, qui, ingénieur de l'usine Christofle, est évidemment en situation de nous renseigner avec autorité sur les opérations pratiques de l'argenture. Seulement ce n'est plus ici le mémoire précité que nous mettrons à contribution, c'est un travail dont quelques pages seulement ont vu le jour; mais ces pages sont précisément celles dont nous avons besoin (1).

ARGENTURE.

Préparation du bain. — « On dissout 2 kilogrammes d'argent dans 6 kilogrammes d'acide nitrique, et on évapore jusqu'à ce que le nitrate soit fondu. De cette manière, on chasse non-seulement l'excès d'acide, mais aussi on réduit la petite quantité de cuivre qui se trouve toujours dans l'argent le plus pur du commerce. Puis, on fait dissoudre le nitrate d'argent dans 25 litres d'eau.

« D'un autre côté, on a fait dissoudre 2 kilogrammes de cyanure de potassium dans 10 litres d'eau. Cette solution, ajoutée petit à petit dans la solution d'argent, détermine une précipitation de cyanure d'argent et la formation d'azotate de potasse.

(1) Elles ont paru dans *les Grandes Usines de France*, tome I, orfèvrerie Christophle, p. 293 à 304.

« Cette opération, conduite avec circonspection jusqu'au moment où l'action d'une petite quantité de la solution de cyanure ne détermine plus de précipité, permet d'éliminer par décantation le nitrate de potasse qui reste en dissolution. On lave à l'eau pure le précipité formé, et on le dissout immédiatement dans 2 kilogrammes de cyanure de potassium; puis on ajoute de l'eau de manière à former 100 litres de bain. Lorsque l'on veut opérer sur de petites quantités, ce bain est immédiatement propre à l'argenture.

« Si, au contraire, on veut faire fonctionner de grandes masses de liqueurs argentifères, il faut, afin d'obtenir un bon dépôt, faire macérer le bain pendant quelques jours avec des anodes en argent et des plaques de cuivre mal décapées, sur lesquelles s'opère le dépôt. On peut arriver au même résultat en faisant bouillir le liquide pendant quelques heures. »

La cuve. — « La solution d'argent ainsi préparée est mise dans de grandes cuves rectangulaires en bois, dont les parois intérieures sont doublées en gutta-percha, afin de prévenir l'absorption de la liqueur. La cuve est divisée dans sa longueur par des tringles auxquelles sont suspendues des anodes en argent pur destinées à maintenir un état de saturation constante. Toutes les anodes sont reliées entre elles par un châssis en cuivre communiquant au pôle positif.

« Entre les anodes sont placées des tringles de cuivre communiquant, par un ensemble de châssis isolés, du bain minéralisé au pôle négatif de la pile, c'est là que l'on place les crochets chargés des pièces à argenter. »

La pile. — « Pour un bain contenant 600 litres de liquide, l'élément de Bunsen, de 0m,25, sur 0m,40, soit 10 décimètres carrés de surface, suffit pour déposer en six heures 450 grammes d'argent. »

L'opération. — « Les pièces de petites dimensions sont plongées entières dans les cuves; pour les grands objets comme les statues, les grands surtouts de table, les plaques de cheminée, on les divise en plusieurs parties qu'on réunit ensuite, ou bien on agrandit proportionnellement les cuves en élevant les bords.

« Mises dans le bain, les pièces se couvrent immédiatement.

« Le courant électrique agissant en raison inverse des distances, il s'ensuit que plus une pièce ou une partie de la pièce est rapprochée de l'anode, plus il s'y dépose d'argent; il est donc utile de mettre à profit cette particularité du courant galvanique en plaçant en regard de l'anode les parties qui, dans les pièces à argenter, sont les plus exposées au frottement. »

En exposant les réactions qui ont lieu dans le bain, nous avons dit que le cyanure de potassium, devenu libre par le fait de la décomposition du cyanure double et de la réduction du cyanure d'argent, s'élève à la surface du liquide, et que se combinant ensuite avec le cyanure d'argent formé sur l'électrode soluble, il redescend au fond du bain sous forme de cyanure double de potassium et d'argent. « De là, dit M. Bouilhet, résulte une série de courants ascendants et descendants qui produisent à la surface des pièces une multitude de petites stries perpendiculaires. Pour les éviter, il suffit de rendre la densité du bain plus uniforme en agitant les pièces à argenter.

« La densité étant toujours plus considérable dans le fond qu'à la surface du bain, le dépôt d'argent y est aussi plus rapide. L'expérience a prouvé que, sur une pièce plongée dans un bain ordinaire, il se déposait un tiers de plus de métal dans la partie inférieure. Le seul moyen de remédier à cet inconvénient est de retourner les pièces pendant le cours du travail.

« Le dépôt d'argent fait dans les cyanures est ordinairement mat.

« En ajoutant un peu de sulfure de carbone à des bains, M. Elkington a trouvé le moyen de rendre le dépôt brillant.

« La réaction qui se passe n'est pas encore bien déterminée. La meilleure manière de l'employer est de mettre dans un flacon bien bouché à l'émeri 10 grammes de sulfure sur 10 litres de bain, et de le laisser 24 heures en contact. Au bout de ce temps il se forme un précipité noirâtre, et la solution est bonne à employer. Avant chaque opération d'argenture, on verse 1 centimètre cube de cette liqueur par litre de bain, et immédiatement le dépôt devient brillant comme s'il avait été gratte-boëssé.

« On juge de la rapidité de l'opération et de son degré d'intensité, en examinant et pesant des tringles de cuivre plongées dans le bain et retirées de temps en temps comme les *montres* des fours à porcelaine.

« Au bout de quatre heures au plus, suivant le degré d'argenture que l'on désire donner aux pièces, l'opération est terminée et on peut les retirer. Elles sont alors d'un blanc mat ressemblant beaucoup à du biscuit de porcelaine, ou brillantes et polies suivant la combinaison du bain. Les crochets qui les suspendent, et qui, eux aussi, se sont recouverts d'une couche d'argent, sont recueillis avec soin, fondus et traités comme tous les métaux qu'on veut affiner. »

Conservation des bains. — « Les bains se détruisent à la longue, c'est-à-dire que, par suite de l'exposition à l'air et du passage du courant électrique, il se forme une certaine quantité de carbonate de potasse et d'ammoniaque aux dépens du cyanure, qui altèrent les propriétés du bain.

« L'anode soluble n'est donc pas suffisante pour en assurer la perpétuité. M. Christofle, préoccupé de ces inconvénients et des dépenses qu'occasionnait leur fréquent renouvellement, fit plusieurs tentatives pour remédier à ces accidents. M. Duchemin, ouvrier qu'il employait à ce travail, eut l'heureuse idée d'ajouter de temps en temps du cyanure de calcium. Par ce procédé l'acide carbonique est passé à l'état de carbonate de chaux, et régénère une quantité équivalente de cyanure de potassium.

« On est ainsi arrivé à conserver si bien les bains qu'une partie de ceux de l'usine datent de 1845. La solution alcaline est tellement inaltérable, que les cuves en tôle ne présentent aucune trace d'oxyde, et que, sur l'une d'elles, entamée, il y a cinq ans, de manière à laisser une entaille à vif, cette entaille, montrant le fer absolument à nu, est restée brillante depuis cette époque. Il est vrai que l'argent qu'ils contiennent en dissolution se renouvelle sans cesse par les anodes, lourdes plaques de 6 kilogrammes, dont la durée moyenne est d'environ 15 jours, et qui, réduites à la minceur d'une feuille de papier, sont retirées avant qu'elles s'émiettent dans le bain. »

DORURE.

La dorure s'exécute d'une manière analogue.

« Les bains d'or sont formés de cyanure double de potassium et d'or dissous dans un excès de cyanure.

« Pour l'obtenir, on fait dissoudre 500 grammes d'or dans l'eau régale, on évapore jusqu'à consistance sirupeuse, on reprend par l'eau tiède et on ajoute petit à petit 3 kilogrammes de cyanure qu'on a préalablement dissous dans l'eau; on ferait ainsi 50 litres de bain. Il est utile de ne l'employer qu'après l'avoir fait bouillir pendant plusieurs heures. La température la plus convenable pour opérer est 70°.

«Dans le bain on plonge une lame d'or mise en communication avec le pôle positif et qui sert à l'alimenter continuellement. A mesure que le métal se dépose sur l'objet placé au pôle négatif, une quantité d'or à peu près équivalente disparaît au pôle positif et maintient le bain dans la même situation.

« Tous les métaux se dorent également bien dans le bain que nous venons d'indiquer; mais l'acier exige un bain plus concentré ou un cuivrage préalable dans un bain alcalin.

« On peut, au moyen de réserves ou épargnes, obtenir différents effets artistiques dont le goût est le seul juge. Le vernis le plus propre à ce genre de travail est composé de vernis copal, huile et carbonate de plomb, dont les proportions varient suivant le degré de fluidité désiré.

« Il s'applique au pinceau sur toutes les parties où l'on ne veut pas que le métal se dépose. Lorsqu'on le laisse sécher convenablement, il n'est nullement attaqué par les dissolutions acides ou alcalines. Il se délaie complétement dans l'essence de térébenthine ou la benzine.

« On peut obtenir de l'or vert et de l'or rouge directement par la pile. Pour l'or vert, on ajoute au bain d'or une dissolution de cyanure double de potassium et d'argent, jusqu'à ce qu'on ait obtenu la couleur qu'on désire, puis on opère avec une anode en argent. Dans ce procédé, il est très-important de bien proportionner la surface de l'anode à celle de la pièce à dorer.

« Pour obtenir l'or rouge, c'est une dissolution de cyanure de potassium et de cuivre que l'on ajoute au bain d'or. Mais ce dernier résultat s'obtient plus facilement en employant le vert à rougir des anciens doreurs au mercure. »

Lorsque les pièces sortent du bain d'or, elles ont ordinairement une couleur terne qui ne peut être acceptée par le commerce ; mais les opérations qu'on leur fait subir n'étant pas du ressort de l'électrochimie, le moment n'est pas venu d'en parler.

Nous pouvons maintenant aborder la partie historique de ce travail.

TROISIÈME PARTIE

HISTOIRE DE L'ORFÉVRERIE ÉLECTRO-CHIMIQUE.

[illegible]

[illegible]

TROISIÈME PARTIE

HISTOIRE DE L'ORFÉVRERIE ÉLECTRO-CHIMIQUE.

CHAPITRE PREMIER

Travaux de Brugnatelli.

Le 20 mars 1800, par une lettre adressée au président de la Société royale de Londres, sir Joseph Banks, Volta annonçait qu'il venait d'inventer la pile.

Quelques mois après, divers expérimentateurs, Nicholson, Cruikshank, Volta lui-même constataient que lorsqu'un sel métallique en dissolution est traversé par un courant électrique, ce sel est décomposé et le métal désoxydé se porte et s'amasse au pôle négatif.

Mais les caractères du métal réduit varient avec l'intensité du courant, la nature de la dissolution, son degré de concentration, etc.; tantôt on obtient une fine poussière, tantôt des cristaux, d'autres fois des lamelles, d'autres fois encore des masses plus ou moins consistantes, etc. Entre le fait pur et simple d'un dépôt voltaïque et celui de la formation d'une couche régulière, uniforme, continue, bien adhérente au corps sous-jacent, il y a un abîme. Les métaux réduits par Volta, Nicholson et Cruikshank, n'avaient point ces caractères, et aucun de ces illustres physiciens ne paraît avoir songé qu'on pût se servir de la pile pour recouvrir un métal d'une enveloppe fournie par un autre corps métallique.

Le premier qui eut cette idée est Brugnatelli, et il en fit immédiatement l'application à la dorure et à l'argenture.

Physicien, collègue de Volta à l'Université de Pavie, ami de ce grand homme qu'il accompagna pendant le voyage mémorable que celui-ci fit à Paris dans l'année même de la découverte de la pile, Brugnatelli fut un des premiers à se servir de ce merveilleux instrument. Ses essais de dorure et d'argenture datent de 1800. Nous les trouvons rapportés dans deux lettres adressées en 1802 au *Journal de physique et de chimie*, publié à Bruxelles par Van Mons; dans un article de la Bibliothèque de campagne (*Bibliotheca di Cagliardo*), publiée en 1807; et dans le *Recueil de mémoires sur les sciences, les arts et les manufactures* (*Raccolta di memorie sulle scienze, arti e manufatture*), publié en 1808 à Pavie. Malheureusement ces sources ne sont pas aussi riches que nombreuses. Voici tout ce qu'elles nous fournissent :

Premier extrait du *Journal de physique et de chimie* (1802) : « La méthode la plus expéditive de réduire, à l'aide de la pile, les oxydes métalliques dissous, est de se servir à cet effet de leurs ammoniures : c'est ainsi qu'en faisant plonger les extrémités de deux fils conducteurs de platine dans l'ammoniure de mercure, on voit, en peu de minutes, le fil du pôle négatif se couvrir de gouttelettes de ce métal; de cobalt, si on opère avec du cobalt; d'arsenic, si l'on opère avec de l'arsenic, etc... Je me servis de fils d'or pour réduire de cette manière l'ammoniure de platine que j'ai dernièrement obtenu et examiné. Le platine ainsi réduit sur l'or a une couleur qui tourne vers le noir; mais étant frotté entre deux morceaux de papier, il prend l'éclat de l'acier. Je fis usage de fil d'argent pour réduire l'or, ce qui réussit promptement. » (T. V, p. 80.)

Deuxième extrait du même journal (même année) : « J'ai dernièrement doré, d'une manière parfaite, deux grandes médailles d'argent, en les faisant communiquer, à l'aide d'un fil d'acier, avec le pôle négatif d'une pile de Volta, et en les tenant, l'un après l'autre, dans des ammoniures d'or nouvellement faits et bien saturés. » (Même tome, p. 357.)

Le passage qu'on vient de lire a été reproduit en 1805 dans le *Philosophical Magazine*, t. XXI, p. 187.

Extrait de la *Bibliotheca di Cagliardo* (1807) :

« Prenez une partie saturée d'or dissous par l'acide hydrochloronitrique; ajoutez-y six parties d'ammoniaque liquide : la dissolution s'y décompose, et il se précipite un thermoxyde d'or qui se dissout aussitôt en partie pour former l'ammoniure d'or. On recueille ce mélange dans un vase de verre. Les objets destinés à être dorés sont fixés solidement à un fil d'acier ou d'argent, que l'on fait ensuite communiquer au pôle négatif d'une pile voltaïque. L'objet en argent qui doit être doré doit être plongé entièrement dans le liquide contenant l'ammoniure d'or; le courant galvanique est fermé par une grosse bande de carton mouillé, qui de l'ammoniaque passe au pôle négatif de la pile. En quelques heures l'argent se trouve entièrement doré par l'action galvanique; la dorure peut être mise en couleur par les moyens ordinaires, et on lui fait prendre le plus vif éclat avec la gratte-boësse des doreurs. » (T. X, p. 185.)

Extrait du *Recueil de mémoires*, etc... (1808) : « J'ai très-bien vu, et fort souvent, l'argent se déposer sur le platine et sur l'or, et les argenter parfaitement. Dans d'autres expériences analogues, j'ai vu l'or et l'argent se cuivrer, se zinguer par le courant de l'électricité. »

Il résulte de ces textes, que le physicien de Pavie a doré l'argent en décomposant l'ammoniure d'or par la pile, et qu'il a argenté le platine et l'or au moyen de la pile.

Voilà tout ce que nous savons de ses travaux.

Suivant l'usage qu'on en voudra faire, ces textes seront jugés, ou bien vagues, ou tout à fait démonstratifs.

Est-ce un point d'histoire qu'on veut traiter? s'agit-il de déterminer le rôle de Brugnatelli dans l'invention de l'orfévrerie galvanique? nous avons tous les éléments nécessaires pour résoudre la question. Brugnatelli est le premier qui ait eu la pensée de dorer l'argent par la pile; et cette idée, il l'a mise à exécution : voilà un fait; et que ce fait se soit produit sous la forme d'une simple expérience de laboratoire ou sous celle d'un procédé pratique, ce que nous n'examinons pas pour le moment, Brugnatelli est le promoteur de la dorure galvanique. Quant à l'argenture, il est évident que l'orfévrerie ne lui doit rien.

L'argenture du platine et de l'or n'est, certes, rien moins qu'une opération d'orfévrerie; cela n'a qu'une valeur scientifique et rentre dans la question générale de la réduction des oxydes métalliques dont Brugnatelli s'occupait.

En résumé, le nom de ce physicien doit donc être inscrit sur la première page de l'histoire de l'industrie nouvelle à titre d'initiateur de la dorure galvanique.

Cherchons-nous, au contraire, dans les textes ci-dessus l'indication d'un procédé pratique susceptible de donner lieu à une exploitation industrielle? Ce sera tout différent.

Brugnatelli nous apprend bien qu'il se sert d'un

ammoniure dissous; mais quel dissolvant employait-il? Les textes sont muets sur ce point. Omission grave, car comment juger de l'efficacité du procédé, et, à plus forte raison, comment l'employer?

Quant à l'argenture, l'incertitude est bien plus grande. De quel composé d'argent Brugnatelli se servait-il? On n'en sait rien. A la vérité, comme il a dit dans une lettre antérieure à celle où il est question d'argenture, que « la méthode la plus expéditive de réduire à l'aide de la pile les oxydes métalliques dissous est de se servir des ammoniures, » on peut supposer qu'il employait de l'ammoniure d'argent. Mais ce n'est qu'une supposition. Cependant n'insistons pas, puisqu'aussi bien nous savons que Brugnatelli n'a rien à revendiquer dans l'invention de l'argenture industrielle. Revenons à la dorure.

Voici comment dans un rapport d'expertise MM. Barral, Chevallier et Henri ont apprécié le procédé de Brugnatelli.

« Le texte de Gagliardo légitime l'objection que l'on a faite au procédé de Brugnatelli de fournir la dorure dans une espèce de pâte, car en employant les proportions qui sont données par l'auteur, on n'obtient qu'une dissolution partielle, comme il le dit lui-même. Une partie de l'or reste précipitée, comme le tribunal peut le voir par l'échantillon que nous lui montrons. Nous faisons aussi passer deux pièces de 2 francs sous les yeux du tribunal pour lui montrer la mauvaise couleur de la dorure obtenue par l'ammoniure de

Brugnatelli décrit par Gagliardo. Toutefois, la portion liquide est alcaline, mais d'une instabilité très-grande, car l'ammoniaque s'échappe très-rapidement, et l'or se dépose au fur et à mesure, de telle sorte que la dorure industrielle est impraticable. »

Concluons donc que Brugnatelli a eu le premier l'idée de la dorure galvanique, que le premier il l'a réalisée dans une expérience de laboratoire, et qu'après lui l'industrie de la dorure galvanique restait tout entière à créer.

CHAPITRE II

Travaux de M. de la Rive

Après Brugnatelli, bien des années s'écoulent sans que la question de la dorure soit reprise; mais cette longue période, perdue en apparence pour l'industrie qui nous occupe, en voit au contraire jeter les fondements. La pile se perfectionne entre les mains des Wollaston, des Daniell, des Grove et des Bunsen; la chimie s'enrichit de corps sans nombre : en 1814, Gay-Lussac découvre le cyanogène radical composé, qui présente de si étonnantes analogies avec les corps simples halogènes, et dont les sels devaient jouer un si grand rôle dans l'orfévrerie galvanique; enfin nous voyons naître l'électro-chimie, dont la galvanoplastie est une branche, et la galvanoplastie, dont la dorure et l'argenture sont des cas particuliers.

En 1825, M. de la Rive renouvelle prématurément (car la science n'était pas encore en possession de piles suffisamment constantes) la tentative de Brugnatelli. « J'essayai, dit-il, de faire passer le courant d'une forte pile dans une solution d'or, en mettant au pôle positif un fil de platine, et au pôle négatif l'objet à dorer: » c'était une dissolution de chlorure d'or. « Mes essais ne furent pas heureux, » déclare-t-il. En effet, il ne réussit à dorer que le platine, ce qui rappelle Brugnatelli argentant le même métal. « Quant au laiton et à l'argent, je ne réussis point à les dorer. L'action chimique qu'exerçait sur ces métaux la dissolution d'or, toujours très-acide, les dissolvait eux-mêmes, et empêchait l'or d'adhérer à leur surface (1). »

Après cet échec, la dorure subit une nouvelle éclipse, mais celle-ci, un peu moins longue que la première, ne durera que quinze années.

En 1829, M. Becquerel applique l'action décomposante de l'électricité au traitement des minerais d'argent, de plomb, de cuivre, dont les métaux viennent se déposer sur les électrodes négatives; « mais, écrit-il, n'ayant en vue que le traitement électro-chimique des métaux, nous ne songeâmes pas à appliquer les observations précédentes à la dorure et à la galvano-

(1) *Annales de chimie et de physique*, tome CXXIII, page 399.

plastie (1). » Ces découvertes de M. Becquerel remirent M. de la Rive sur la voie de la dorure.

L'année 1837 voit naître la galvanoplastie, créée à quelques mois de distance : à Dorpat, en février, par M. Jacobi ; à Liverpool, en septembre, par M. Thomas Spencer.

Deux années après (1839), M. Jacobi fait la découverte des *anodes* ou *électrodes solubles*.

En même temps M. de la Rive reprend la question sur laquelle il avait échoué; il emploiera encore le chlorure d'or, mais au lieu de l'appareil composé, il emploiera l'appareil simple.

Brugnatelli se servait d'une pile distincte du vase sur le contenu duquel s'exerçait l'action galvanique; c'est ce qu'on nomme l'*appareil composé*.

Dans le dispositif adopté par M. de la Rive, l'objet à dorer fait partie de la pile réduite à un seul couple et en constitue l'élément négatif : c'est l'*appareil simple* employé antérieurement par M. Becquerel dans ses travaux électro-chimiques.

Enfin Brugnatelli n'avait doré que l'argent; M. de la Rive va dorer l'argent, le cuivre et le laiton.

Cela dit, décrivons l'opération, nous en donnerons ensuite les résultats.

Dans un vase de verre ou de faïence on met une lame de zinc roulée en cylindre, et à l'intérieur du zinc un cylindre en baudruche. Le zinc plonge dans

(1) *Traité d'électricité et de magnétisme*, tome II, p. 209.

une eau acidulée par quelques gouttes d'acide sulfurique ou nitrique; le cylindre de baudruche renferme en même temps que l'objet à dorer la dissolution d'or; enfin l'objet à dorer est mis en communication avec le zinc par un fil métallique. Tel est l'appareil. On voit que la pile, réduite à un seul couple, fait corps avec le vase contenant la dissolution, et que la pièce à dorer est l'élément négatif du couple, le zinc en étant l'élément positif. Voici maintenant ce qui se passe : Le courant qui résulte de la réaction de l'acide sur le zinc décompose la solution d'or, l'or se porte sur l'objet plongé dans la dissolution et y adhère plus ou moins fortement en même temps que le zinc se dissout.

Entrons dans les détails.

M. de la Rive nous apprend que la dissolution d'or doit être aussi neutre que possible et étendue d'eau distillée dans des proportions telles qu'il y ait 5 milligrammes d'or dans 1 centimètre cube de dissolution.

L'acide sulfurique doit être employé quand il s'agit de dorer l'argent, parce qu'il ne noircit pas le métal lorsqu'au bout d'un certain temps cet acide passe à travers la baudruche; on emploie l'acide nitrique si l'objet est en cuivre ou en laiton, parce qu'en passant dans la solution d'or il décape la surface à dorer.

Enfin l'opération réussit d'autant mieux que le courant est plus faible; c'est assez de cinq à six gouttes d'acide dans un verre d'eau de grandeur ordinaire. Avec un faible courant la dorure s'applique mieux et il suffit de frotter soit avec un linge fin, soit avec une peau pour lui donner tout l'éclat qu'elle peut prendre; quelquefois cependant on n'obtient le brillant qu'au moyen du brunissoir.

Tels sont les procédés du savant physicien de Genève. Après la lecture du chapitre précédent, les résultats défectueux qu'ils ont donnés ne surprendront personne.

Je laisse parler M. Becquerel.

« Ce procédé, écrit-il, présente plusieurs inconvénients : le premier est le peu d'adhérence de la dorure, car la condition de frotter pour faire adhérer les corpuscules d'or montre que la dorure est due en partie à la pression. Dès lors, elle ne peut avoir une grande solidité.

« Une partie de l'or est réduite par le zinc (1); en outre, les linges et la peau sont continuellement imprégnés de la dissolution; la vessie elle-même réduit l'or, en sorte qu'au bout de quelque temps il faut recueillir ces objets et les incinérer.

« Ces inconvénients, continue M. Becquerel, ont porté les praticiens à perfectionner un procédé appelé, par son application, à rendre de grands services à l'industrie. Ce qu'il restait à trouver, c'était une dissolution d'or meilleure que celle dont M. de la Rive avait fait usage, et une foule de faits de détail que le temps seul pouvait faire connaître (2). »

(1) Peu à peu il y a endosmose à travers la membrane et l'or se précipite sur le zinc.

(2) *Loc cit.*, p. 211.

La commission académique dont M. Dumas se fit l'organe par son Rapport du 29 novembre 1841, exprime le même avis que M. Becquerel :

« Il (le procédé de M. de la Rive) offre des inconvénients réels dus à quelques difficultés d'exécution, et à certains défauts d'adhérence entre l'or et le métal sur lequel on l'applique (1). Le principe physique, base du nouvel art, une fois trouvé, il fallait encore y joindre toutes les ressources chimiques nécessaires pour rendre la dorure solide, brillante, capable de prendre le mat, le bruni et les couleurs; enfin, il fallait surtout rendre l'opération économique. »

En résumé, M. de la Rive n'a rien fait de pratique, et après lui comme après Brugnatelli la dorure industrielle à la pile était à créer. Aussi ses procédés n'ont-ils donné lieu à aucune exploitation commerciale. Ses expériences ne créent point un art nouveau; ce sont des expériences de laboratoire. Le savant genevois a donc simplement renouvelé, avec des moyens différents, le rôle rempli trente-neuf années auparavant par Brugnatelli, complétement oublié en 1841. Cet oubli justifie la récompense que l'Académie a donnée à M. de la Rive; mais Brugnatelli vivant eût eu droit au partage.

C'est en avril 1840 que M. de la Rive rendait compte, dans les *Annales de physique et de chimie*, de

(1) Le rapport dit ailleurs : « La commission a cru pouvoir conclure de ses essais que le procédé de M. de la Rive donne une dorure assez épaisse mais manquant de solidité, d'adhérence. »

ses nouveaux esssais de dorure. Cinq mois après, deux brevets, pris le même jour, constataient authentiquement la solution complète non-seulement du problème de la dorure, mais encore de celui de l'argenture.

Par qui cette double solution fut-elle donnée ?

M. Jacobi va nous le dire : c'est l'inventeur de la galvanoplastie qui va introduire dans cette histoire les inventeurs de l'orfévrerie galvanique.

« En laissant de côté les essais de M. de la Rive, puisqu'ils n'avaient pour but ni un principe scientifique exact, ni une application pratique, on voit, dit M. Jacobi (1), que l'art de revêtir les surfaces métalliques d'une couche mince d'un autre métal par voie galvanique, ne date guère que de l'époque la plus récente ; malgré cela, cette application importante et d'un si grand intérêt de la galvanoplastie, dont nous sommes redevables à M. Elkington, a déjà pris un rang très-distingué dans les arts et dans les professions techniques. »

« Le mérite de M. Elkington consiste principalement, continue M. Jacobi, dans l'idée d'employer les composés de cyanogène et autres sels doubles qui ne sont pas décomposés par voie chimique par les métaux électro-positifs. Ces composés n'étaient pas, il est vrai, restés jusque-là inconnus aux chimistes, mais

(1) Rapport fait à l'Académie des sciences de Saint-Pétersbourg sur la dorure galvanique.

on ne leur avait pas reconnu d'applications industrielles. »

Et plus loin :

« C'est M. Elkington qui a proposé ce moyen (l'emploi de dissolutions qui résistent aux métaux positifs), qui l'a conduit aux résultats les plus brillants qu'on ait obtenus. »

Or, dans le mémoire où il s'exprime ainsi, M. Jacobi déclare avoir répété tous les procédés de dorure mentionnés dans le rapport de M. Dumas à l'Académie des sciences.

C'est, en effet, à MM. Henri et Georges-Richard Elkington que devait appartenir l'honneur de remplir les desiderata formulés ci-dessus par MM. Becquerel et Dumas, et de créer enfin l'orfèvrerie galvanique.

Leurs travaux antérieurs les avaient préparés à ce rôle. Après avoir fait breveter en 1836 l'application à la dorure par immersion d'un bain, dont, comme on l'a vu, le bicarbonate de potasse fait l'efficacité, M. Henri Elkington n'avait pas tardé à reconnaître, et ses brevets de perfectionnement pris en 1837 et en 1838 en font foi, que la propriété du sel alcalin était due exclusivement à la base qui entre dans sa composition, et il était arrivé à reconnaître que les bains propres à la dorure tirent toute leur efficacité de leurs réactions alcalines. De son côté, M. Georges-Richard Elkington avait appliqué les mêmes idées à l'argenture. Ils avaient donc découvert ce qui était resté caché pour M. de la Rive, la condition essentielle de la dorure et de l'argenture industrielles, et par cette découverte ils avaient rendu possible l'application de la pile ; pour la rendre avantageuse, il n'y avait plus qu'à trouver parmi les sels de potasse, de soude, etc., celui qui se prête le mieux à l'action galvanique ; mais la recherche était simplifiée par cette circonstance qu'elle était renfermée dans le cercle des sels alcalins. En outre, l'emploi avantageux qu'ils avaient fait d'un composé haloïde (chlorure d'or) dans la dorure par immersion, devait porter leur attention sur les composés du même genre ; sur les cyanures entre autres. On voit donc qu'avec leurs antécédents pour créer la dorure et l'argenture galvaniques, il leur suffisait presque d'y penser et de le vouloir.

CHAPITRE III

Invention de la dorure galvanique.

(M. HENRI ELKINGTON.)

I

Le 29 septembre 1840, M. H. Elkington prenait un brevet d'addition à son brevet de 1836, relatif à la dorure par immersion. Ce brevet d'addition est l'acte de naissance de la dorure électro-galvanique. Ici les textes ont une telle importante que nous ne pouvons nous dispenser de les citer intégralement.

« Les perfectionnements dont il s'agit ont pour objet, dit M. H. Elkington, de couvrir d'or certains métaux à l'aide d'un courant galvanique.

« Au lieu d'employer une solution de chloride d'or, comme je l'ai indiqué dans mes précédents brevets, je fais usage d'un oxyde d'or préparé par les moyens connus, ou de l'or divisé, que je fais dissoudre dans une solution de prussiate de potasse ou de soude; pour 31 grammes 25 centigrammes d'or converti en oxyde, j'emploie 5 hectogrammes de prussiate de potasse dissous dans 4 litres d'eau que je fais bouillir pendant une demi-heure; après ce laps de temps, la mixtion est prête à servir.

« Il est nécessaire que les objets à dorer soient préalablement bien nettoyés et purgés de toutes leurs impuretés. On les plonge alors dans la mixture bouillante, et quelques secondes après ils sont couverts d'or. Si on désire obtenir une couche d'or plus épaisse, on doit se servir de la solution à froid, c'est-à-dire qu'après avoir été bouillie, on la laisse refroidir, et alors les objets seront revêtus d'une plus grande quantité d'or au moyen du courant galvanique.

« Les moyens de produire et d'appliquer les courants galvaniques sont de plusieurs sortes; le plus simple est celui dont je fais usage.

« J'emploie deux cylindres concentriques fermés par le bas; celui de l'extérieur est verni, et celui de l'intérieur ne l'est pas : il est composé d'une substance poreuse. Dans l'espace qui sépare les deux cylindres, on verse une solution de chlorure de sodium ou autre agent chimique excitant, dans lequel on plonge un morceau de zinc de forme cylindrique ou autre forme, et auquel est soudé un fil de laiton ou de cuivre qui correspond dans le vase intérieur contenant la solution d'or. Après que les objets à dorer ont été nettoyés et attachés ensemble, on les place dans la solution d'or pour en être recouverts, en les mettant en contact avec le fil de métal; ils doivent être remués dans la solution tout le temps que dure l'opération. Sa durée dépend de l'épaisseur d'or qu'on veut donner aux objets; cela dépend encore de la puissance du courant galvanique, de la quantité des objets agités, ou de la proportion d'or contenu dans la solution. Je préfère que la solution soit très-saturée d'or, et, à cet effet, j'y ajoute une portion d'oxyde d'or non dissous.

« Au lieu de la solution d'or ci-dessus indiquée, je me sers quelquefois d'une solution de protoxyde d'or dissous avec les muriates de soude ou de potasse; mais les résultats ne sont pas aussi avantageux qu'avec la solution d'or obtenue avec du prussiate de potasse. En général, j'ai remarqué que les sels à double base, et plus particulièrement ceux connus sous le nom de sels haloïdes, sont aussi susceptibles de dissoudre l'or; ils font également partie du droit privatif que je réclame; mais je le répète, dans la pratique, j'ai trouvé qu'il était préférable d'employer la solution d'or obtenue du prussiate de potasse.

« Je réclame l'emploi des oxydes d'or ou de l'or métallique dissous dans le prussiate de potasse, ou de tous autres prussiates solubles pour couvrir les métaux, ou avec quelques-uns des sels sus-indiqués, combinés avec les oxydes d'or.

« Je réclame également l'application d'un courant galvanique pour dorer les métaux avec quelque solution convenable d'or, excepté le chloride d'or, qui est peu propre à cet usage.

« Je fais observer que, par solutions convenables, j'entends celles dans lesquelles les substances alcalines, terreuses, ou autres sels sont combinés avec l'or.

« Enfin, je réclame l'application du courant galvanique pour couvrir les métaux avec de l'or, soit que les objets qui subissent l'opération soient d'un seul métal ou composés, c'est-à-dire revêtus d'une couche d'un autre métal, soit enfin de toute matière revêtue également d'une couche de métal. »

II

Résumons :

M. H. Elkington, qui avait créé en 1836 la dorure par immersion, annonce, en 1840, qu'il vient d'apporter un perfectionnement à ce procédé. Ce perfectionnement est double : physique et chimique; il consiste dans un bain d'une composition nouvelle, et dans l'emploi du courant galvanique.

Le bain est composé d'une solution de prussiate de potasse ou de soude. L'appareil est l'appareil simple, déjà employé par M. de la Rive et plus anciennement par M. Becquerel.

M. H. Elkington indique ce bain comme celui auquel l'expérience l'a conduit à donner la préférence; mais comme il sait (c'est sa découverte) qu'une liqueur propre à la dorure doit sa vertu, non point à tel sel alcalin, mais à son alcalinité, il signale, il recommande et il brevète tous les prussiates solubles autres que le cyanure de potassium ou de sodium nominativement désigné et tous les sels alcalins qui dissolvent l'or à l'état de sels doubles.

Enfin, il emploie ces dissolutions pour recouvrir d'or les métaux à découvert ou déjà revêtus d'une couche d'un autre métal et des corps quelconques préalablement métallisés, c'est-à-dire rendus conducteurs.

Pour concentrer davantage ce résumé et nous en tenir à ce que le document ci-dessus renferme d'essentiel, M. H. Elkington *fonde la dorure galvanique sur l'emploi de tous les prussiates solubles et de tous les sels alcalins qui dissolvent l'or à l'état de sels doubles.*

Le lecteur a la pièce originale sous les yeux; il peut voir si les mots que nous venons de souligner la résument exactement.

III

On a cependant soulevé des doutes à cet égard : de quoi ne discute-t-on pas? En dépit des textes, on a prétendu que M. H. Elkington en écrivant : « Je réclame l'emploi des oxydes d'or ou de l'or métallique dissous dans le prussiate de potasse *ou de tous autres prussiates solubles*, pour couvrir les métaux, » n'a entendu breveter que l'un des trois sels, qu'on désignait alors et qu'on désigne parfois encore sous ce nom collectif de prussiates. Ces trois substances sont : 1° le prussiate simple, ou cyanure de potassium, ou *prussiate blanc*; 2° le cyanoferrure ou ferrocyanure de potassium ou *prussiate jaune*; 3° le cyanoferride ou ferricyanure de potassium ou *prussiate rouge*. On a donc soutenu que M. H. Elkington n'avait réclamé de droit privatif que pour l'emploi du prussiate blanc, et qu'après lui, l'emploi des prussiates jaune et rouge pouvait être l'objet d'une demande de privilége. On décréta qu'en employant le mot générique, M. Henri Elkington n'avait voulu désigner que l'espèce! Ce mode d'argumentation est tellement arbitraire qu'il est invraisemblable qu'on se le soit permis. Disons donc à la faveur de quelle circonstance il a pu se produire :

Dans son rapport du 29 novembre 1841, M. Dumas rapporte ce qui suit :

« Dans le brevet de M. Elkington, le mot prussiate de potasse, qui est employé sans autre définition, pourrait laisser de l'incertitude; car les chimistes connaissent trois prussiate de potasse : le prussiate simple, le prussiate jaune ferrugineux et le prussiate rouge. Le mandataire de M. Elkington (1), prié de s'expliquer sur ce point, nous a dit que le brevet entendait parler du prussiate simple, du cyanure de potassium. En effet, lorsqu'il a exécuté devant nous ces procédés, c'est du cyanure simple de potassium qu'il a mis en usage. »

(1) C'est de M. Wright que M. Dumas parle ici.

Voilà le prétexte à sophisme; je dis prétexte, parce que la déclaration rapportée par M. Dumas fut révoquée presque aussitôt que produite, ce qui n'empêcha pas qu'on continua de s'appuyer sur elle.

Moins de quinze jours après le dépôt du rapport de M. Dumas, l'Académie recevait, en effet, de M. Truffaut, mandataire de M. Elkington, une lettre écrite au nom de celui-ci et mentionnée au *Compte rendu* de la séance du 13 décembre 1841. Or, nous y lisons ce qui suit :

« Les termes généraux dont M. Elkington s'est servi dans ses brevets, indiquent assez qu'il s'est réservé la faculté d'employer toute espèce de cyanure soluble dans ses manipulations. »

Est-ce clair? Avouons cependant que cela n'est pas plus clair que le texte sur lequel la discussion s'est établie; on n'ajoute pas à l'évidence.

Et d'ailleurs, qu'y a-t-il à répondre à cette déclaration des cessionnaires des brevets de M. Elkington :

« Nous ajouterons maintenant que le texte des brevets est notre propriété, que personne n'a le droit, pas même M. Elkington, qui nous a cédé sa propriété, de la restreindre ou de l'interpréter contre ses termes formels (1). »

La question n'a du reste aujourd'hui qu'une médiocre importance, puisque M. H. Elkington, en breve-

(1) Ch. Christofle, *Histoire de la dorure et de l'argenture électro-chimiques*, p. 19.

tant le prussiate de potasse, n'eût-il eu en vue que l'un des trois sels désignés sous ce nom, c'est-à-dire le cyanure de potassium, n'en serait pas moins l'inventeur de la dorure galvanique. On a vu, en effet, que l'emploi du cyanure de potassium a prévalu dans la pratique, et on se rappelle que, d'après le beau travail de M. H. Bouilhet, quel que soit le prussiate employé, il se forme toujours du cyanure double de potassium et d'argent ou d'or, et c'est ce dernier sel, à l'exclusion du fer (si on a employé les cyanures ferrugineux), qui est l'agent de la dorure comme de l'argenture. En recommandant l'emploi du cyanure blanc, quand il avait le droit d'employer tous les prussiates de potasse, M. H. Elkington devançait donc les données de la théorie, et il s'adressait tout de suite au corps, que ceux qui ont préconisé l'emploi du ferrocyanure se procuraient sans le savoir et par des voies détournées. On verra d'ailleurs plus loin que la question a été tranchée par les tribunaux en faveur de l'inventeur anglais.

IV

Mais la contestation n'a pas porté seulement sur les prussiates, on l'a étendue à une multitude d'autres sels doubles alcalins, à tous les équivalents que les contrefacteurs ont eu la pensée de substituer aux subtances nominativement désignées par M. H. Elkington;

on a soutenu, contre l'évidence, que son invention ne consistait pas dans l'application de dissolutions à réactions alcalines, mais dans l'emploi de certains bains alcalins.

On a eu déjà, par la *façon de dorer à la manière des Grecs* et les autres recettes empruntées à de vieux recueils, une idée de la tactique des contrefacteurs ; on se plut à voir dans toute ancienne mixture contenant des substances alcalines une solution à réaction franchement alcaline. Mais où les adversaires de M. Henri Elkington se surpassèrent, ce fut quand ils entreprirent de démontrer que l'invention de celui-ci était dans le domaine public depuis Brugnatelli ! Le lecteur qui sait maintenant tout ce que ce savant a écrit sur la dorure, appréciera ce que cette démonstration a d'ingénieux.

On se souvient que Brugnatelli a écrit cette phrase : « La méthode la plus expéditive de réduire à l'aide de la pile les oxydes métalliques dissous est de se servir à cet effet de leurs ammoniures. » C'est cette phrase qui contiendrait en puissance toute l'orfévrerie galvanique, et c'est elle qui aurait mis les dissolutions de sels alcalins, de potasse ou de soude combinés avec l'or, dans la circulation. Si cette phrase ne paraît pas tout d'abord aussi grosse qu'elle l'est, c'est qu'on ne voit en elle que ce qu'elle renferme, les ammoniures, tandis qu'il faut y voir ce qu'elle ne contient pas ; c'est ce qui ne s'y trouve pas qui lui donne sa vertu : aussi sa vertu est-elle illimitée.

Brugnatelli dit : « La méthode la plus expéditive... » donc il connaissait d'autres méthodes moins expéditives, donc... Mais laissons à l'auteur de cette découverte le plaisir de l'exposer.

« Puis donc, dit-il, que Brugnatelli a opéré dans divers bains, puisqu'il nous rappelle qu'il y a d'autres bains possibles que le bain ammoniacal, chacun pourra, en France, appliquer l'idée de Brugnatelli, c'est-à-dire la dorure ou la réduction à l'aide de la pile, de tous autres métaux, dans tous les bains métalliques qui étaient en 1807 dans le domaine public, comme aussi dans tous ceux qui, depuis lors, ont été mis dans ce domaine. »

Or, il a été démontré (*Façon de dorer à la manière des Grecs, etc.*) qu'on s'était servi antérieurement à Brugnatelli de bains contenant de la soude, de la potasse, etc... « D'où suit que ces bains de dorure peuvent être employés, concurremment avec la pile, par tout le monde. »

Du reste, on n'hésitait pas « à reporter à Brugnatelli l'honneur d'avoir fait le premier de l'électro-plastie convenable, durable, à couche épaisse. » On affirmait qu'il « avait opéré d'une manière *définitive, nette*, sur des objets communs, vendables, comme dans une fabrication industrielle ; en un mot, il avait résolu le problème d'une manière pratique. » L'auteur apparemment en parlait *de visu*.

Je laisse à penser si les contrefacteurs goûtèrent cette manière d'écrire et d'interpréter l'histoire. Il leur convenait merveilleusement que l'alcalinité fût dans le domaine public : aussi se mirent-ils à exécuter nombre de variations sur le thème fourni par M. Elkington. Cela ne dépassait pas les moyens du premier venu ; au composé d'or indiqué par celui-ci, il ne s'agissait que de substituer un de ses congénères, au dissolvant un de ses analogues, et le tour était fait. On pouvait même s'en tenir à cette seconde partie de la recette et remplacer, par exemple, les sels alcalins mentionnés par M. H. Elkington, par des sulfites ou des phosphates également alcalins dont l'inventeur n'avait pas parlé. Sur la valeur de ces faciles découvertes comme sur l'étendue des brevets de M. H. Elkington, le paragraphe suivant va nous donner l'avis des savants, des experts et des tribunaux. Ce point étant le nœud de toute l'histoire que nous racontons, on nous pardonnera le nombre et l'étendue des citations.

V

M. Balard. « On connaissait avant M. Elkington les lois de la précipitation des métaux les uns sur les autres ; on n'ignorait pas celles qui régissent les décompositions électro-chimiques ; et cependant les essais de dorure par la voie humide, soit au trempé, soit à la pile, n'avaient eu aucun succès. C'est qu'on n'avait fait usage que de liqueurs aurifères acides, susceptibles d'altérer, de noircir le métal à dorer, incapables de neutraliser le corps électro-négatif que la décomposition électro-chimique met sans cesse en liberté. Pour changer tout cela, pour transformer les essais encore informes en produits acceptés par le commerce, pour substituer une industrie nouvelle et complète à ces premiers tâtonnements, il a suffi à M. Elkington de mettre en pratique l'idée simple et féconde de remplacer les dissolutions acides par les solutions d'or à réaction alcaline. Au moyen de cette substitution, les inconvénients attachés à l'emploi des dissolutions ordinaires de chlorure d'or disparaissent entièrement ; les métaux réagissent moins énergiquement sur la liqueur aurifère ; celle-ci ne les noircit pas ; enfin, les corps mis en liberté dans la décomposition électro-chimique entrent en combinaison et ne peuvent plus altérer la dorure déjà obtenue.

« Ce qui caractérise la liqueur Elkington, c'est donc l'alcalinité de la liqueur.

« Que cette réaction alcaline soit due à la potasse ou à la soude, à ces bases libres ou combinées, à un carbonate à réaction alcaline ou à un phosphate, à un sulfite, à un borate ayant la même réaction et la même aptitude pour neutraliser les acides forts, pour absorber le chlore, etc., je ne vois là que le bain Elkington (1).

MM. Payen, Peligot, Pelouze et Fremy déclarent se ranger à l'opinion émise par M. Balard. « Pour moi,

(1) Lettre de M. Balard. *Histoire de la dorure et de l'argenture électro-chimiques*, par M. Ch. Christofle, in-8°. p. 324. Paris, 1851.

dit M. Fremy, la véritable invention de M. Elkington consiste dans l'emploi des liqueurs non acides, incapables d'altérer le métal à dorer. Les dissolutions de M. Elkington comprennent donc toutes celles dans lesquelles les propriétés acides du chlorure d'or sont masquées par la présence d'un alcali ou d'un sel alcalin. » « Je pense avec mes collègues, dit M. Pelouze, que la propriété essentiellement caractéristique des liqueurs de M. Elkington réside dans leur alcalinité. » « Il est évident pour moi, dit M. Péligot, que le nom du sel importe beaucoup moins dans la circonstance actuelle que sa tendance chimique, et, sous ce rapport, personne n'hésitera à placer les sulfites et les phosphates entre les carbonates et les sulfates. »

Une note rédigée collectivement par les cinq chimistes susnommés, auxquels se joint M. Cahours, débute en ces termes :

« M. Elkington a créé un art nouveau en remplaçant la dorure au mercure par les procédés de dorure au trempé et à la pile.

« Personne, avant lui, n'était arrivé à dorer industriellement dans des dissolutions à base de potasse ou de soude. »

Les savants rédacteurs ajoutent :

« L'emploi des sels suivants, pour la dorure, constitue une seule et même invention :

« Chlorure d'or et prussiate de potasse ou de soude ;

« Chlorure d'or et pyrophosphate de potasse ou de soude ;

« Chlorure d'or et sulfite ou hyposulfite de potasse ou de soude ;

« Chlorure d'or et borate de potasse ou de soude ;

« Et, d'une matière générale, chlorure ou oxydes d'or, alcalis et sels alcalins.

« L'emploi de tous ces sels pour la dorure forme une seule et même invention. »

Ecoutons maintenant les experts nommés par les tribunaux :

« M. Elkington a eu complétement raison de dire : Personne avant moi n'avait eu l'idée de dorer à l'aide de substances chimiques et alcalines.

« Nous pensons qu'il est tout à fait juste de reconnaître que la dorure par immersion n'a été réellement pratiquée industriellement que depuis M. Elkington, parce que le premier il a donné un procédé réellement efficient pour effectuer cette opération. » (*Rapport* de MM. Barral, Chevalier et Henri, dans le procès Roseleur (1).

Enfin, recueillons les arrêts des tribunaux :

« Attendu que si Henri Elkington, aux droits duquel sont aujourd'hui Christofle et Cie, a, dans le brevet pris par lui le 11 octobre 1836 pour la dorure tant par immersion que par la pile dans un bain d'or en

(1) *Histoire de la dorure et de l'argenture électro-chimiques*, p. 9.

dissolution, breveté l'emploi du bicarbonate de soude et de potasse considéré isolément comme individu ayant une vertu *sui generis*, il n'en est pas de même des brevets de perfectionnement pris par lui pour le même objet le 27 novembre 1839, le 29 septembre 1840 et le 1er octobre 1841 ;

« Qu'il résulte clairement, en effet, des termes de ces divers brevets, soit qu'on les considère isolément ou tous les trois dans leur ensemble, que Elkington avait alors découvert la puissance d'action appartenant particulièrement à la soude et à la potasse, et qu'il brevète ces deux substances alcalines comme bases principales et efficientes de la dorure dans les diverses combinaisons qu'il indique de ces substances avec divers acides, tels que les acides carbonique, muriatique, sulfurique, nitrique, borique et prussique, combinaisons formant les sels connus et désignés sous les noms de carbonates, muriates, sulfates, nitrates, borates, et prussiates de potasse et de soude;

« Que cela résulterait de la diversité même de ces combinaisons, si les termes desdits brevets pouvaient à cet égard laisser le moindre doute;

« Attendu qu'il appert du rapport des experts commis, en date à la fin du 22 mars 1847, et des pièces et documents fournis, que personne avant Elkington n'avait fait cette découverte de l'emploi de ces substances pour la dorure par immersion dans un bain d'or en dissolution;

« Attendu que l'efficacité de la soude ou de la potasse, employée comme agent principal dans les procédés d'Elkington, ne saurait être contestée ;

« Qu'il est, en effet, reconnu au procès qu'on ne saurait obtenir, par l'acide seul, de la dorure par immersion dans un bain d'or en dissolution, et qu'il est démontré, par les expériences auxquelles se sont livrés les experts, qu'on peut, au contraire, dorer dans la potasse ou dans la soude dégagée d'acides, et que même ces derniers agents, plus ou moins nécessaires, mais évidemment secondaires, opposent, par leur propre nature, à la réussite de la dorure, des obstacles qu'il est indispensable de surmonter par l'excès de la résistance alcaline ;

« Qu'il est constant pour tous, et reconnu par les prévenus eux-mêmes, que, par les procédés dont il s'agit, Elkington a perfectionné l'art de la dorure et fait faire un pas immense à cette industrie ; que si Elkington ne pouvait breveter, d'une manière absolue, l'emploi de la potasse et de la soude, qui étaient évidemment connues et brevetées avant lui, il a pu très-valablement breveter comme il l'a fait, pour un mode nouveau et déterminé, l'emploi de ces substances et leurs combinaisons ; qu'on ne saurait dès lors employer ces mêmes substances pour le même objet, le même produit industriel, sans commettre un délit de contrefaçon, soit qu'on les emploie dans leurs combinaisons avec les acides par lui nominativement désignés, soit qu'on le fasse en substituant d'autres acides à ceux-ci ;

« Qu'on ne saurait voir d'autre différence entre ces deux cas que celle existant entre la contrefaçon ouverte et la contrefaçon déguisée, etc. (1). »

CHAPITRE IV

Invention de l'argenture électro-chimique.

(M. GEORGES-RICHARD ELKINGTON.)

I

Le jour même (29 septembre 1840) où M. Henri Elkington prenait le brevet qui vient de nous occuper, M. Georges-Richard Elkington en prenait un pour l'invention de l'argenture galvanique.

« Mon procédé, dit M. Georges-Richard Elkington, consiste à appliquer l'argent sur certains métaux, à l'aide de solutions d'argent ou d'un courant galvanique en opérant de la manière suivante :

« On fait dissoudre 155 grammes de chlorure d'argent dans un mélange d'un kilogramme et demi de prussiate de potasse

(1) Arrêt de la Cour d'appel, Chambre des appels de police correctionnelle, rendu le 9 mars 1848. *Histoire de la dorure, etc.*, p. 151 et suivantes.

et de 9 litres d'eau ; on agite le liquide et on fait bouillir jusqu'à saturation complète.

« Les pièces à plaquer, décapées au préalable par les moyens connus, sont plongées dans la solution ; s'il ne faut qu'une mince couche d'argent, comme pour l'argenture ordinaire, on fait chauffer ou bouillir la solution. La couche se produisant de quelques secondes à une minute, il est inutile d'employer une batterie galvanique ; mais si la couche doit être plus épaisse, comme pour les objets plaqués, on emploie la solution froide, et on fait adhérer cette couche à l'aide d'un courant galvanique, comme je vais l'expliquer.

« On connaît plusieurs procédés pour produire un courant galvanique. Le plus simple est celui obtenu par le contact d'un barreau de zinc ou autre métal électro-positif. On peut aussi employer un diaphragme membraneux ou poreux, de manière que la solution d'argent occupe une face et un fluide dissimilaire l'autre ; toutefois, le moyen le plus approprié à la nature de mon procédé est la batterie galvanique dont on se sert pour les expériences de physique. Celle que je préfère se compose de deux cylindres concentriques fermés à leur fond, l'intérieur de terre poreuse non vernie, et l'extérieur de poterie vernie. L'intervalle entre les deux cylindres est rempli d'une solution de chlorure de sodium dans laquelle plonge un barreau de zinc ; un fil de cuivre soudé à ce barreau est recourbé et plongé dans le cylindre intérieur contenant une solution d'argent ; la pièce à argenter, bien décapée, est placée dans la solution après avoir été mise en contact avec le fil de cuivre ; ce contact est maintenu pendant tout le temps qu'agit la solution d'argent.

« L'épaisseur de la couche d'argent dépendra de la durée de l'immersion et du soin de maintenir constamment la pièce en contact avec le fil de cuivre de la batterie ; elle dépendra aussi de l'énergie du courant galvanique et de la proportion d'argent contenue dans la solution.

« Les pièces, pendant ce procédé, affectent généralement un aspect mat ou cristallin qui augmente avec l'épaisseur de la couche d'argent déposée. Quand on veut obtenir une surface brillante, on brunit avec une brosse en fil métallique, moyen bien connu. Si, au contraire, on veut produire une surface mate, on fait bouillir la pièce dans l'acide sulfurique ou muriatique étendu. Il est nécessaire d'ajouter, de temps en temps, une nouvelle quantité de chlorure d'argent, afin de remplacer la solution qui s'épuise, en évitant tout contact de la pièce avec du chlorure non dissous.

« On pourrait remplacer le chlorure d'argent par tout autre sel d'argent insoluble dans l'eau avec une solution de prussiate de potasse ou de soude. Je me sers quelquefois d'une solution d'iodure d'argent dans l'hydrate de potasse ou de soude, ou d'une solution de chlorure d'argent dans l'ammoniaque pure; mais ces agents ne sont pas aussi utiles, dans la pratique, que la solution d'argent dans le prussiate de potasse.

« D'autres solutions d'argent, à l'aide du courant galvanique, peuvent être également employées, telles que les solutions d'argent ammoniacal, ou les solutions de chlorure d'argent dans le muriate de potasse ou de soude; mais comme ils sont d'un usage difficile dans la pratique, je ne les recommande pas.

« Le procédé que je viens d'indiquer s'applique plus particulièrement au placage du cuivre ou de ses alliages, tels que le laiton ou l'argent d'Allemagne; mais on peut aussi plaquer par le même moyen le fer, après l'avoir décapé avec soin et y avoir appliqué la couche d'argent à l'aide de la batterie galvanique, ou bien plaquer le fer en le couvrant d'abord d'une lame de cuivre, et appliquant sur cette lame une couche d'argent par le moyen indiqué.

« Je réclame l'emploi d'une solution d'argent dans du prussiate de potasse ou autres prussiates solubles, pour argenter les métaux et l'application du courant galvanique avec une solution d'argent quelconque, soit comme simple solution dans un acide, ou combiné avec des sels, à l'exception du nitrate d'argent qui est connu, mais peu en usage. »

II

En résumé, ici comme pour la dorure, l'innovation et l'élément de succès consiste dans l'alcalinité de la liqueur et dans l'emploi des prussiates alcalins.

Comme le précédent brevet, celui-ci excita la convoitise des contrefacteurs, il donna lieu à des discussions analogues et qui se terminèrent de la même façon.

On prétendit que M. Georges-Richard Elkington, comme M. Henri Elkington, par ces mots : « prussiate de potasse ou autres prussiates solubles, » n'avait voulu désigner que le prussiate simple de potasse ou cyanure de potassium. On ne s'attend pas à nous voir rentrer dans cette discussion.

Feignant de se méprendre sur le caractère du procédé, on voulut restreindre l'invention et les droits de M. Richard Elkington à l'emploi de quelques sels alcalins. On fit jouer ici à Brugnatelli le même rôle qu'on lui a vu remplir dans le chapitre précédent. Brugnatelli aurait mis, il y a un demi-siècle, l'argenture comme la dorure dans le domaine public. Mais ce trait d'esprit n'ayant plus de nouveauté n'a plus la même saveur.

« En apprenant aux ouvriers à déposer des métaux sur d'autres métaux à l'aide de la pile, Brugnatelli leur a *donné* à tous la libre application de ce procédé galvanoplastique énergique dans tous les bains d'argent, d'or, de cuivre dissous déjà connus de son temps; et, de même, il a donné à chacun de nous la libre application de ce procédé dans tous les bains qui ont été découverts depuis lors et qui sont entrés dans le domaine public. Ainsi le veut la loi. »

L'auteur se répète; mais la fin est admirable : « Ainsi le veut la loi! » On va voir tout à l'heure ce qu'elle veut.

III

Voici maintenant, sur l'invention de M. Georges-Richard Elkington, l'avis émis par MM. Balard, Cahours, Fremy, Payen, Péligot et Pelouze dans la *Note collective* déjà citée :

« Les procédés de M. Elkington pour l'argenture ont aussi donné naissance à une industrie nouvelle.

« Son invention repose sur l'emploi de dissolutions d'argent mêlées avec des sels à base de potasse ou de soude, tels que le prussiate de potasse ou de soude, l'hyposulfite et le sulfite de potasse ou de soude, etc. »

Tel fut également l'avis de la Cour d'appel de Paris qui, précisément à l'occasion des hyposulfites, déclara incidemment que leur emploi, à côté de celui des prussiates, ne pouvait être regardé comme une invention que par des personnes étrangères à la science (1).

CHAPITRE V

Résumé sur l'invention de la dorure et sur l'argenture.

Nous trouvons ce résumé tout fait dans un arrêt de la Cour d'appel de Paris :

« Considérant,

« Que si avant Henri et Richard Elkington de savants chimistes français et étrangers avaient cherché à obtenir les mêmes résultats, il est constant, par tous les documents de la cause, que leurs travaux ne peu-

(1) Voici les termes de l'arrêt : « Que si à côté de l'emploi des prussiates de Richard Elkington l'emploi des hyposulfites de Chappée pouvait encore être regardé, par tous autres que les gens de la science, comme une invention ; il n'en saurait être de même, etc... » *Loc. cit.*, p. 156.

vent être considérés que comme de simples essais qui n'ont reçu aucune application industrielle, d'où il suit que les brevets sus-énoncés contiennent une véritable invention. »

C'est en ces termes que la Cour d'appel a définitivement consacré les droits de MM. Henri et Richard Elkington au titre d'inventeurs de la dorure et de l'argenture électro-chimiques.

L'orfèvrerie galvanique date donc de la prise de leurs brevets, et elle en date d'autant mieux qu'à peine ces messieurs l'eurent-ils inventée qu'ils la mirent en pratique.

MM. Elkington, en effet, ne sont pas seulement inventeurs, ils sont industriels, ils exploitent eux-mêmes leurs procédés; or voici, d'après le rapport de la commission française sur l'Exposition universelle de 1851, quelle était, à cette époque, la situation de leurs ateliers.

« Leur établissement à Birmingham, fondé sur une grande échelle, atteint, dit M. de Luynes, des proportions en harmonie avec la diversité considérable de leurs ateliers et de leurs productions : 750 ouvriers, hommes, femmes, enfants, y sont employés ; 100 ouvriers de plus leur seront bientôt nécessaires. Ils ont appelé près d'eux un assez grand nombre d'artistes français pour faire les modèles de leurs pièces décorées. Electrotypie de cuivre produisant même des statues, argenture et dorure par voie humide, orfèvrerie d'art en argent fondu, telles sont les industries pratiquées dans la manufacture de M. Elkington. Ses brevets de 1840, acquis en France par M. Christofle, y ont créé une industrie déjà puissante dans sa nouveauté; il en est de même en Angleterre où les riches manufactures de plaqué s'effacent rapidement devant le crédit toujours croissant de l'industrie nouvelle (1). »

(1) Exposition universelle de 1851. Travaux de la commission française sur l'industrie des nations, publiés par ordre de l'Empereur, tome VI, rapport du 23e jury, p. 127.

QUATRIÈME PARTIE

APPENDICE A L'HISTOIRE DE L'ORFÈVRERIE ÉLECTRO-CHIMIQUE.

QUATRIÈME PARTIE

APPENDICE A L'HISTOIRE DE L'ORFÉVRERIE ÉLECTRO-CHIMIQUE.

CHAPITRE PREMIER

Un inventeur du lendemain.

I.

Nous avons conduit l'histoire de l'orfévrerie galvanique jusqu'au moment où la dorure et l'argenture sont devenues une industrie. L'histoire de l'invention se termine donc à MM. Elkington. Avant eux on essayait, après eux on exploite. Nous avions assisté à des expériences de laboratoire, ils nous font suivre les travaux d'une usine; on nous montrait des joujoux scientifiques, ils nous soumettent des produits commerciaux. Une nouvelle branche de travail est née, et ne dût-elle, par impossible, faire aucun progrès, elle pourrait s'en passer; elle est née viable, en possession de tous ses principes et de moyens suffisants. Mais dans une industrie fondée sur la science, la carrière du progrès est indéfinie. D'ailleurs la pratique éclairée n'est pas moins féconde en perfectionnements que la science même. L'orfévrerie s'est donc enrichie de faits, de détails; ils sont dus, pour la plupart, à des praticiens; il y a des *desiderata* dont ceux qui mettent la main à l'œuvre peuvent seuls se rendre compte, et qu'eux seuls peuvent remplir. On se rappelle, à cet égard, le témoignage rendu en faveur d'un ouvrier par M. Bouilhet. MM. Elkington eux-mêmes ont largement contribué à ces améliorations; mais, y fussent-ils étrangers, leurs titres de créateurs de l'industrie nouvelle n'en serait point affaibli : des perfectionnements apportés à une invention ne pouvant conférer à leurs auteurs aucun droit sur l'invention elle-même.

Ainsi, au point où notre récit est parvenu, l'histoire des origines de l'orfévrerie électro-chimique est complète. Mais, demandera-t-on, et M. de Ruolz? vous n'en avez pas encore dit un mot.

C'est que nous ne l'avons rencontré nulle part.

Oui, nous avons pu suivre l'orfévrerie nouvelle depuis 1800 jusqu'en 1840, de Brugnatelli à MM. Elkington, et du modeste laboratoire de l'université de Pise à la puissante usine de Birmingham, sans rencontrer M. de Ruolz.

Compulsez les recueils scientifiques, fouillez les actes des sociétés savantes, les *Comptes rendus* de l'Académie, interrogez tome après tome, et page après page, la volumineuse collection des brevets expirés, cherchez partout, vous ne trouverez nulle part le nom de M. de Ruolz.

Est-ce à dire qu'il ne se soit jamais occupé ni de dorure ni d'argenture?

Assurément non.

Certes, M. de Ruolz a écrit sur l'une et sur l'autre; certes il a expérimenté sur celle-ci et sur celle-là; certes il a entretenu l'Académie, la presse, le public, de ses travaux sur cette matière; certes il a pris brevets sur brevets pour s'assurer le privilége de ses inventions putatives. Mais il ne s'est avisé de toutes ces choses que quand il n'en était plus temps.

C'est pourquoi son nom est absent de l'histoire de l'invention, et si on veut le trouver, c'est dans les appendices de cette histoire qu'il faut le chercher.

Bacon nous a révélé en ces termes le secret de l'art d'inventer : « On ne peut vaincre la nature qu'en lui obéissant. »

Ni Brugnatelli ni M. de la Rive n'avaient su prendre les ordres de la nature, et les principes de l'art nouveau étaient restés pour eux à l'état d'arcanes.

Plus heureux que ces physiciens, M. de Ruolz a pénétré dans le sanctuaire, mais en forçant une porte ouverte. C'est un chapitre nouveau à l'histoire des inventeurs qui ont éprouvé la vérité de cet adage populaire : qu'il ne suffit pas de se lever matin et qu'il faut encore arriver à l'heure.

Quand M. de Ruolz s'est-il levé ? de quel jour datent ses débuts dans cette question? Comment l'idée de cette recherche lui a-t-elle été suggérée? M. de Ruolz seul le sait ; nous n'avons nul besoin de l'apprendre. L'histoire s'écrit avec des dates. Nous nous conformons ici, on doit le faire, aux principes posés par Arago en matière de priorité d'invention : L'inventeur est celui dont une prise de possession authentique démontre la priorité. M. de Ruolz rapporte qu'il a son point de départ dans les travaux de M. de la Rive. Dieu nous garde de mettre sa déclaration en doute! Certes, M. Richard Elkington, M. Truffaut ont pu écrire, sans s'écarter de l'exactitude la plus rigoureuse, qu'avant de prendre aucun brevet, M. de Ruolz avait pu, pendant des mois entiers, puiser des renseignements utiles dans les brevets de l'inventeur anglais (1). A ne voir là qu'un simple rapport de dates, cette assertion est incontestable, mais quant au sens transparent de ces paroles, nous ne voulons pas même avoir l'air d'y rien comprendre. M. de Ruolz déclare qu'il procède de M. de la Rive; donc il procède de M. de la Rive. La pensée qui se voile dans les lettres de MM. Elkington et Truffaut s'est montrée à découvert dans cent passages du livre où sont réunis les documents judiciaires de cette histoire (2). Mais cer-

(1) *Histoire de l'orfèvrerie électro-chimique*, pages 94 et 148.
(2) *Loc. cit.*

taines nécessités de polémique, légitimes chez l'homme engagé *pro domo suâ*, dans une lutte où l'honneur et la fortune sont en jeu, seraient déplacées chez celui qui, personnellement hors du débat, entreprend de longues années après que les passions ont dû se calmer, d'en raconter l'histoire. Du point de départ de M. de Ruolz nous ne savons donc que ce que M. de Ruolz en raconte, et nous tenons pour démontré ce que nous en savons; nous n'y reviendrons plus. Quant à son point d'arrivée, ceci n'est pas une affaire de probabilité, c'est une question de fait : or, sur tous les points, M. de Ruolz s'est rencontré avec MM. Elkington... longtemps après que ceux-ci y avaient passé.

Il y avait plus de huit mois que MM. Elkington avaient exposé dans leurs brevets tous les principes de la dorure et de l'argenture électro-chimiques, quand M. de Ruolz, ayant fait à son tour la même découverte, prit le brevet qui la constate. Encore faut-il dire qu'en créant la dorure et l'argenture galvaniques, les inventeurs anglais ne faisaient qu'apporter son couronnement à la longue série de recherches dans laquelle on les savait engagés depuis le 11 octobre 1836, date du brevet relatif à la dorure au trempé. Ils avaient des antécédents, une tradition personnelle. C'étaient des inventeurs suivant logiquement et laborieusement la voie ouverte par eux-mêmes, développant les principes qu'ils avaient posés, s'élevant naturellement de la notion particulière d'une dissolution d'un certain sel alcalin à la notion générale des bains alcalins et redescendant de celle-ci à la conception d'un bain propre à l'opération galvanique; complétant leurs moyens : appliquant le courant électrique à la dorure et à l'argenture, quand l'emploi des doubles cyanures alcalins avait levé toutes les difficultés qui s'opposaient à cette application. M. de Ruolz, lui, était entièrement nouveau dans la question, et, abstraction faite même des brevets de MM. Elkington relatifs à la dorure et à l'argenture voltaïques, il ne trouvait encore dans la science d'autre tradition à suivre que celle des Elkington, tradition créée par leurs brevets de 1836, 1837 et 1838 pour la dorure au trempé, et de 1838 pour l'argenture par immersion.

De là ce titre : *Un inventeur du lendemain* donné au chapitre que nous consacrons aux travaux superflus de M. de Ruolz.

Je comprends ce que ces assertions ont d'étrange pour un public habitué à appeler du nom de M. de Ruolz tout court les produits de l'orfévrerie galvanique; mais ne sait-on pas que le vrai n'exclut pas l'invraisemblable? Ceci est encore un lieu commun; c'est, bien plus que la nôtre, la faute du sujet qui, d'un chapitre à l'autre, descend tout à coup d'une question de science aux questions que nous allons discuter.

On dira : Mais si M. de Ruolz n'a pas inventé la dorure et l'argenture, il leur a sans doute apporté de très-grands perfectionnements.

Non.

Tantôt il a simplement proposé l'emploi des substances que MM. Elkington avaient brevetées et que ceux-ci employaient;

Tantôt aux substances brevetées et employées par MM. Elkington il a proposé de substituer des substances chimiquement équivalentes.

Le premier cas n'admet pas la discussion; le second ne l'autoriserait qu'aux yeux de personnes tout à fait étrangères à la chimie.

Quand, par un recours aux équivalents, quelques industriels ont cru pouvoir en toute sécurité élever une concurrence contre le cessionnaire des brevets Elkington, on sait comment les tribunaux les ont désabusés.

« Considérant,

« Qu'en vain les prévenus soutiennent avoir employé des substances différentes de celles brevetées par lesdits Elkington; qu'il a été démontré par l'expertise *que ces substances ne sont que des équivalents* dont la base est la même, et qui n'ont eu pour objet que de masquer la contrefaçon et ne peuvent en faire dispaparaître le caractère.

« Condamne, etc. » (1)

Ainsi, équivalent en chimie équivaut à contrefaçon en justice.

Ajoutons que les équivalents brevetés par M. de Ruolz n'ont pas été admis par l'industrie.

Mais, demandera-t-on, comment se fait-il que

(1) *Histoire de la dorure et de l'argenture électro-chimiques*, p. 162.

n'ayant pas été « à la peine » ou plutôt qu'y ayant pris part sans utilité pour le public, M. de Ruolz ait été « convié à l'honneur? » que l'Académie l'ait récompensé? que le gouvernement l'ait distingué? que tous les historiens l'aient loué? que son nom soit dans toutes les bouches? et qu'enfin l'orfévrerie galvanique, en France du moins, ait pris son point de départ dans ses brevets, car personne n'ignore que l'usine Christofle a été fondée pour exploiter les procédés de M. de Ruolz.

Rien de plus simple :

M. de Ruolz se croyant très-sincèrement l'inventeur de la dorure et de l'argenture l'a dit à M. Dumas qui l'a répété à l'Académie, qui en a informé les journaux, qui l'ont fait savoir au public, dont fait partie M. Christofle, qui l'a cru comme le public, comme les journaux, comme l'Académie, comme M. Dumas, et comme M. de Ruolz lui-même l'avait cru.

Errare humanum est! Mais quelle longue série d'erreurs une première erreur ne peut-elle pas engendrer!

Au reste, nous n'avons pris nulle part l'engagement d'expliquer quoi que ce soit, nous avons promis de raconter, et nous allons tenir parole.

II

En quatre années, de décembre 1840 à décembre 1844, M. de Ruolz a pris :

1 brevet d'invention;

16 brevets d'addition.

Ainsi qu'on l'a dit, tous ces brevets sont postérieurs à ceux de MM. Elkington.

Rappelons, puisque le moment est venu où il faut s'en souvenir, que le brevet de M. Hénri Elkington, pour la dorure, a été demandé le 29 septembre 1840: il a été délivré le 8 décembre de la même année;

Et que le brevet de M. Georges-Richard Elkington, pour l'argenture, demandé le même jour que le précédent (29 septembre 1840), a été délivré vingt jours après celui-ci, le 28 décembre 1840.

Le premier brevet Ruolz a été demandé entre les dates de délivrance des deux brevets Elkington, le 19 décembre 1840; il a été délivré le 15 février 1841.

Il a donc été pris onze jours seulement après l'instant où le premier a pu être mis légalement à la disposition du public, et neuf jours avant l'époque où le second a pu être également consulté.

Si loin qu'un esprit prévenu pousse l'hostilité, il n'ira donc pas jusqu'à prétendre que M. de Ruolz ait pu, dans cette circonstance, s'inspirer du brevet relatif à l'argenture; et il est certes peu probable qu'il ait pu avoir connaissance du brevet relatif à la dorure.

Nous nous plaisons à le proclamer. Au reste, cette question n'a aucune importance, et voici pourquoi:

Dans ce premier brevet M. de Ruolz ne s'occupe pas d'argenture, et s'il s'occupe de dorure, c'est en envisageant la question tout autrement que ne le fait M. Henri Elkington.

M. de Ruolz ne commence à marcher sur les brisées de MM. Elkington que cinq mois après la délivrance des brevets de ces messieurs, le 17 juin 1841, date de la demande de son premier brevet d'addition. A partir de ce moment, il est, pour la dorure et pour l'argenture, en pleine concurrence avec les inventeurs anglais.

Son premier brevet est donc étranger à notre sujet, et nous n'aurions pas à nous en occuper s'il n'avait donné lieu à une méprise singulière et qu'il importe de dissiper.

Si on ne consulte que le titre de cette pièce, c'est un *Brevet d'invention et de perfectionnement de dix ans, demandé par M. de Ruolz pour un procédé de dorure sans mercure, de l'argent, de l'orfévrerie et de la bijouterie d'argent, et spécialement des objets les plus délicats, tels que le filigrane d'argent.*

Si on consulte la pièce elle-même, on n'y voit que ceci : le cuivrage préalable de l'argent à l'aide de l'appareil simple comme moyen de rendre l'argent propre à recevoir la dorure, soit par le procédé électro-chimique, soit par immersion.

Pour exprimer tout le contenu de ce document, ajoutons qu'il renferme une modification au bain employé dans la dorure au trempé. L'auteur propose l'emploi de l'aurate potassique. C'est pour lui une simplification. D'après MM. Pelouze et Fremy, au contraire, l'aurate ne conviendrait pas au trempé; mais ceci n'est pas en discussion. D'ailleurs, que la simplification soit réelle ou non, l'industrie n'en a pas voulu, pas plus qu'elle n'a voulu du reste du brevet.

Je ne puis cependant, à cette occasion, m'empêcher de constater et de faire remarquer l'étendue des changements qui en quelques années peuvent s'opérer dans les convictions de M. de Ruolz. On voit qu'il est question de la dorure par immersion dans son premier brevet; il en a parlé une seconde fois, dix ans plus tard. Comparez ce qu'il en a dit à ces deux dates :

1840

« Ce procédé se rapproche beaucoup de celui pour lequel M. Elkington a obtenu un brevet d'invention *exploité à Paris depuis cinq ans* par la maison Elambert.

« *Une longue expérience a constaté la bonté de ce procédé pour la dorure du cuivre, et il jouit, dans le commerce, d'une grande faveur que prouvent les bénéfices considérables réalisés par cette maison.* On s'accorde surtout généralement à reconnaître la beauté de la couleur de cette dorure, etc. » (1)

1850

« Avant de soumettre mes recherches à l'Académie, j'avais dû questionner l'industrie parisienne sur l'état de l'art. .

. . . .

« *Il y avait bien dans un coin de Paris,* me disait-on, un Anglais, M. Elkington, qui, associé avec MM. Elambert et Moulé, *exploitait sur de faibles dimensions un procédé de dorure au trempé,* c'est-à-dire dans un bain d'or dissous dans une solution aqueuse de potasse, à savoir dans une solution de carbonate potassique (2). »

C'est là un trait que nous aurions eu tort de ne pas saisir au passage, car il jettera inévitablement

(1) Brevet d'invention et de perfectionnement, etc.

(2) Mémoire sur mes travaux électro-chimiques.

de la lumière sur ce qui va suivre, et déjà l'attitude actuelle de M. de Ruolz envers l'orfévrerie galvanique, attitude signalée dans notre introduction, et qui a dû être pour le lecteur un si grand objet de surprise, n'étant plus un fait isolé, ne paraît plus aussi inexplicable. Rapprocher n'est-ce pas expliquer? Mais continuons.

Tel est donc le premier brevet de M. de Ruolz. On voit que pour son début il faisait fausse route et qu'il était bien loin alors de soupçonner les principes de l'art que les inventeurs d'outre-Manche avaient déjà amené à l'état pratique.

Maintenant si on fait attention que les brevets pris ultérieurement par M. de Ruolz et qui eux enfin ont directement trait à la dorure et à l'argenture sont de simples *additions* à ce brevet pour le cuivrage de l'argent, on comprendra qu'un lecteur inattentif, abusé par le titre, ait pu faire remonter jusqu'à la date du premier brevet de M. de Ruolz, c'est-à-dire jusqu'au 19 décembre 1840, les inventions présumées qui mettraient celui-ci en rivalité avec M. Henri Elkington. Et si en outre on pousse la distraction jusqu'à confondre la date de la délivrance du brevet pris par M. Henri Elkington avec la date de sa demande, c'est-à-dire le 8 décembre avec le 29 septembre 1840; ce brevet étant ainsi rajeuni de près de trois mois en même temps que le premier travail galvanoplastique de M. de Ruolz est vieilli de cinq mois, il se trouvera que l'antériorité de M. Elkington sur M. de Ruolz fera place à une quasicontemporanéité. Et voilà en effet par quel concours d'illusions M. de Ruolz passe pour s'être rencontré avec M. Elkington.

Je ne serais pas surpris que le lecteur me soupçonnât de lui faire un roman; mais il verra bientôt que tout ceci est de l'histoire. S'il m'accuse de me livrer à mon imagination, j'en prends aisément mon parti, sachant que tout à l'heure il rendra hommage à mon exactitude.

Quoi qu'il en soit, voici un point réglé. Le premier brevet pris par M. de Ruolz ne renferme aucun procédé qui puisse fournir l'ombre d'un prétexte à mettre ses travaux en parallèle avec ceux de MM. Elkington, et si M. de Ruolz s'en fût tenu là, la pensée de soulever entre les expérimentateurs anglais et français une question de priorité n'eût pu naître dans l'esprit de personne.

Concluons donc, en opposition avec une très-haute autorité scientifique, que nous contredisons à regret, qu'il n'y a pas eu simultanéité entre M. de Ruolz et M. Elkington.

III

Le second brevet (premier brevet d'addition) de M. de Ruolz a été pris le 17 juin 1841 et délivré le 11 octobre de la même année.

Celui-ci a trait à la fois à la dorure et à l'argenture.

DORURE. — Dissoudre 6 parties de cyanure de potassium dans 100 parties d'eau distillée; ajouter une partie de cyanure d'or dont on facilite la dissolution en y ajoutant de l'acide hydrocyanique. Filtrer.

ARGENTURE. — Même dissolution, seulement un peu moins d'acide hydrocyanique.

L'auteur n'emploie plus l'appareil simple, mais une pile séparée de la dissolution.

Cette fois nous sommes bien sur le terrain de la dorure et de l'argenture galvaniques, mais aussi nous sommes sur le terrain défriché huit mois auparavant par MM. Elkington.

Comparons :

Comme composé métallique, M. de Ruolz fait choix des cyanures d'or et d'argent. Or, MM. Elkington ont fait connaître que tous les sels d'or et d'argent, et notamment les sels haloïdes, par conséquent les cyanures, peuvent se combiner aux prussiates pour former un bain propre à la dorure et à l'argenture.

Comme dissolvant, M. de Ruolz emploie le cyanure simple de potassium, c'est-à-dire un des sels brevetés par MM. Elkington, celui-là même qu'ils regardent comme préférable, et celui à l'emploi duquel on a prétendu, M. de Ruolz lui-même a prétendu limiter leur privilége.

Entre M. de Ruolz et ses prédécesseurs il n'y a de différences que dans les proportions; la rencontre poussée jusqu'aux doses eût tenu du miracle. M. de Ruolz emploie moins de cyanure que MM. Elkington, et il n'en emploie pas assez ; de là l'unique innovation qui se remarque dans son procédé ; cette déplorable intervention de l'acide prussique, « singulière manière, dit M. Christophe, d'avoir un procédé salubre et digne du prix Montyon. » Cette singularité finit par frapper M. de Ruolz qui, trois mois après (27 août 1841), prit son second brevet d'addition tout exprès pour supprimer l'acide hydrocyanique et le remplacer par une plus forte proportion de cyanure de potassium (10 parties au lieu de 6) ; par conséquent pour se rapprocher davantage de MM. Elkington.

Ainsi, lorsque huit mois après ceux-ci M. de Ruolz a attaqué pour la première fois le problème de l'orfévrerie galvanique, il s'est rencontré tout de suite avec ses prédécesseurs dans l'art de composer les bains.

Nos voisins avaient mis quatre ans de pratique industrielle à découvrir les propriétés des cyanures, notre compatriote y a mis six mois de laboratoire. Mais l'histoire des sciences atteste en plus d'une de ses pages la partialité du sort, et l'impossible n'est pas français.

Il y a cependant entre l'expérience de M. Ruolz et celle de MM. Elkington une autre différence apparente que celle de l'acide hydrocyanique. Ces derniers employaient l'appareil simple, M. de Ruolz emploie l'appareil composé, une pile séparée de la cuve et dont on proportionne le nombre d'éléments aux effets qu'on veut obtenir. Apprécions la valeur de cette différence.

L'appareil simple est excellent : « Nous avons montré, dit M. Becquerel, qu'à l'aide des actions lentes produites par les appareils simples, on obtenait d'excellentes dorures, adhérant fortement aux métaux, et que l'on pouvait dorer parfaitement le filigrane. Nous avons montré en même temps que les actions lentes étaient préférables aux actions rapides (1). » Cependant il est incontestable qu'une production active, que de grands ouvrages nécessitent l'emploi d'une pile distincte; l'appareil simple convenait aux modestes opérations d'une industrie naissante, mais quand celle-ci s'est développée, la pile a prévalu. Et c'est probablement parce qu'ils étaient dans la phase des débuts que, proportionnant les moyens à l'œuvre, MM. Elkington donnaient à l'appareil simple la préférence sur les autres « moyens de produire et d'appliquer les courants galvaniques ; » se réservant d'ailleurs, par la généralité même de leur rédaction, le droit d'employer ces autres moyens en temps et lieu. Mais, bien que ce droit ne puisse être sujet à discussion, nous avons quelque chose de bien décisif à dire en sa faveur : c'est que MM. Elkington ont fait mieux que d'appliquer la pile à la dorure et à l'argenture, ils ont levé tous les obstacles qui s'opposaient à cette application, ils ont fait de cette application un jeu d'enfant. Ce n'est pas nous qui le disons, c'est M. de Ruolz. Laissons-le parler.

(1) *Traité de physique considérée dans ses rapports avec la chimie et les sciences naturelles*, tome I, page 81.

Il cite d'abord le passage déjà connu de nos lecteurs, où M. de la Rive, confessant l'insuccès de ses premières expériences, l'attribue avec raison à l'acidité du bain; puis M. de Ruolz, résumant la grande découverte qu'il croit avoir faite, ajoute :

« L'emploi pour la première fois des solutions de cyanure d'or et d'argent qui n'attaquent pas le métal, détruit l'obstacle qui avait arrêté l'illustre savant que nous venons de citer et empêché jusqu'ici l'application de la pile. »

Et plus loin :

« Quant aux cyanures d'or et d'argent, ils n'ont été jusqu'ici employés par personne, et rendent praticable l'usage jusqu'ici impossible de la pile (1). »

Or, si les cyanures ont seuls rendu praticable l'usage jusque-là impossible de la pile, il est clair que cet usage est dû à ceux qui nous ont appris à employer les cyanures, c'est-à-dire à MM. Elkington; et M. de Ruolz, en écrivant dans son mémoire du 9 août 1841, que les cyanures n'avaient, jusqu'à lui, été employés par personne, prouve surabondamment qu'il n'avait alors aucune connaissance des travaux de ses devanciers.

Ce qui est très-curieux, c'est de voir M. de Ruolz, qui fait dépendre la pile des cyanures, lorsqu'il croit avoir été le premier à les employer, c'est de le voir, dis-je, lorsqu'il lui faut attribuer à MM. Elkington l'honneur de cette priorité, reporter à Bru-

(1) *Mémoire sur les arts insalubres.*

gnatelli, qui certes n'a pas connu les cyanures et qui à peine a connu le potassium, la gloire d'avoir fait en 1801 ce que M. de la Rive n'a pas réussi à faire en 1825 et en 1839, « de l'électroplastie convenable à couches épaisses, » d'avoir « opéré d'une manière durable *définitive, nette,* sur des objets communs, vendables, » etc. Car, hélas! il faut bien en convenir, ces phrases déjà citées sont de M. de Ruolz! Mais ce qui prouve que des deux chimistes qui en M. de Ruolz peuvent se contredire au gré des changements de situation, le premier, celui qui, sans le savoir, fait remonter à MM. Elkington tout le mérite de l'emploi de la pile distincte, est dans le vrai; c'est que M. de Ruolz n'a lui-même employé la pile que lorsqu'il a su se servir des cyanures : on a vu en effet que lors de son premier brevet dont les cyanures sont aussi complétement absents qu'ils l'étaient du laboratoire de Brugnatelli, M. Ruolz faisait usage de l'appareil simple.

Après cela, n'est-il pas très-piquant d'entendre M. de Ruolz se louer lui-même de la tolérance dont il aurait fait preuve en voulant bien laisser les mandataires de MM. Elkington opérer avec des piles séparées du bain en présence de la commission académique! Cet acte de générosité n'a point frappé M. Dumas, car il écrit simplement : « Pour appliquer l'or, M. de Ruolz emploie la pile, comme le font MM. de la Rive et Elkington. »

IV

Dès qu'il a pris son redondant brevet du 17 juin, M. de Ruolz, qui ignore dans quel pléonasme de découvertes il est tombé, s'estime naturellement en droit de briguer le prix Montyon, et le 9 août suivant il adresse à l'Académie des sciences pour le concours de l'année même son *Mémoire sur les arts insalubres*.

C'est quelques jours après cette présentation (le 27 août) qu'il prit son second brevet d'addition en vue de substituer à l'acide hydrocyanique une plus forte proportion de cyanure; concourant pour un prix relatif aux arts insalubres, c'était bien le moins qu'il commençât par assainir ses procédés.

Ce mémoire sur les arts insalubres est le premier écrit scientifique de l'auteur; il fut l'origine de ses succès académiques, c'est de cet écrit que date la renommée de M. de Ruolz.

Les *Comptes rendus* en accusèrent réception en ces termes :

« *Notice sur un nouveau procédé de dorure et d'argenture sur tous les métaux employés dans le commerce*, par M. de Ruolz. Renvoi à la commission du concours concernant les arts insalubres (1). »

Mais si les *Comptes rendus* n'ont donné que le titre de ce mémoire, le *Recueil des savants étrangers* (car

(1) *Comptes rendus*, tome XIII, page 352.

M. de Ruolz eut l'honneur de l'insertion dans ce recueil) l'a donné tout entier dix ans plus tard (1), et nous pouvons en apprécier le contenu, ce qu'il convient de faire.

Et ce sera bientôt fait, M. de Ruolz ayant condensé tout son travail dans le résumé suivant en partie cité un peu plus haut :

« Ce procédé repose sur la décomposition (à l'aide d'une forte pile à courant constant) des cyanures d'or et d'argent, dissous dans une proportion donnée de cyanure de potassium. Le seul savant qui se soit occupé d'appliquer l'électricité à la dorure, M. de la Rive, déclare lui-même, dans son mémoire, n'avoir pu réussir avec la pile et y avoir renoncé.

« Quant aux cyanures d'or et d'argent, ils n'ont été jusqu'ici employés par personne, et rendent praticable l'usage jusque-là impossible de la pile. »

Par conséquent, c'est bien la découverte même de MM. Elkington que M. de Ruolz présentait en 1841 au concours du prix Montyon.

Preuve nouvelle qu'il n'a pas connu les travaux de ses devanciers.

Il tombe en effet sous le sens que s'il avait eu connaissance des brevets de ceux-ci, M. de Ruolz qui depuis a écrit : « à eux (à MM. Elkington) les *cyanures*, à moi, etc... » n'eût pu présenter comme sien à l'Académie en août 1841 un procédé de dorure dont les cyanures font toute l'efficacité.

(1) Tome XI, page 161. — 1851.

V

Un peu plus d'un mois après la présentation du mémoire de M. de Ruolz, le 20 septembre 1841, un des mandataires de M. H. Elkington, M. Wright adressait au nom de son mandant et pour le concours du prix Montyon la description du procédé de dorure au trempé, breveté le 11 octobre 1836 par M. H. Elkington.

Dans la semaine même M. Wright fut appelé devant la commission, dans le laboratoire de M. Dumas. Venu pour démontrer la dorure par immersion, il exhiba en outre le brevet de M. H. Elkington, en date du 29 septembre 1840 pour la dorure galvanique dans un bain de prussiate d'or et de potasse. C'est alors qu'interrogé sur le sens qu'il attachait au mot prussiate de potasse, M. Wright aurait répondu : « Que le brevet entendait parler du prussiate simple du cyanure de potassium. »

M. Wright nommait donc précisément le sel indiqué par M. de Ruolz dans les seuls brevets que celui-ci eût pris jusqu'alors; mais presqu'au moment où M. Wright fait cette réponse, M. de Ruolz prend un troisième brevet d'addition et brevète le cyano-ferrure de potassium.

Presqu'en même temps, disons-nous. Et, en effet, M. Wright n'a pu comparaître devant la commission avant le 21, puisque la note qui a motivé sa convocation a été déposée le 20 à l'Académie, et sa comparution n'est pas postérieure au 28, parce qu'une lettre authentique en date du 29 se réfère à un document écrit après les expériences faites dans le laboratoire de M. Dumas. Les termes de cette lettre (1) rendent même invraisemblable que la réunion de la commission ait eu lieu la veille (28), et le 27 étant un lundi, jour de séance académique, le 26, un dimanche, on est conduit à placer la déclaration de M. Wright entre ces deux dates : le 21 et le 25 inclusivement. Or, c'est le 25 que M. de Ruolz a fait breveter le cyano-ferrure.

On a attaché beaucoup de prix à cette coïncidence. Nous nous bornons à la constater.

Quant à la déclaration attribuée à M. Wright, on sait déjà que par l'organe de M. Truffaut, M. Richard Elkington s'est hâté d'en fixer le sens. Le rapport de M. Dumas a été lu le 29 novembre 1841, la réponse de M. Truffaut, datée du 11 décembre suivant, a été déposée dans la séance du 13. Et pour le dire en passant, cette prompte et formelle rectification rend très-vraisemblable la version donnée par M. Christofle de ce qui s'est passé devant la commission :

« La vérité, a-t-il écrit, est que M. Wright questionné sur cette question : Quel est le prussiate qui est dissous dans le bain dans lequel vous dorez actuel-

(1) Lettre de M. Truffaut à M. Elkington en date du 29 septembre 1841 : « M. Moullé a remis à M. Wright la copie de la lettre qu'il vous a écrite après les expériences faites dans le laboratoire d M. Dumas, membre de l'Institut. » *Histoire de la dorure et de l'argenture électro-chimiques*, page 408.

lement? a répondu : C'est du cyanure simple. Mais il n'a rien dit de plus. Il n'a pas dit, il n'avait pas mission de dire : MM. Elkington n'emploient jamais et n'entendent employer que du prussiate simple (1). »

Et si M. Wright a employé devant M. Dumas le cyanure de potassium, c'est, répétons-le, qu'avec une sûreté de coup d'œil qui contraste d'une manière saisissante avec les perpétuelles hésitations auxquelles nous allons voir M. de Ruolz en proie, MM. Elkington avaient su dès l'origine distinguer parmi les cyanures celui auquel la pratique industrielle a, de tout temps, donné une préférence, aujourd'hui justifiée par la théorie.

En résumé, le brevet pris par M. de Ruolz, pour s'assurer le privilége du ferro-cyanure, a été suivi de très-près par la réclamation de M. Elkington. Aussi, est-ce avec un étonnement inexprimable que nous voyons M. de Ruolz se prévaloir, dix ans après la lettre de M. Truffaut, de ce qu'aucune rectification n'aurait eu lieu pour établir à sa façon qu'il a pu très-légitimement breveter les ferro-cyanures.

Nous verrons, dans la suite de ce récit, des choses tout aussi fortes, mais après celle-ci, la gradation observée chez Nicolet deviendra impossible à suivre.

Écoutez donc ceci :

« Et d'ailleurs, dit M. de Ruolz, s'ils avaient eu (ils, c'est-à-dire MM. Elkington, Wright et Truffaut), s'ils

(1) *Histoire de la dorure*, etc., p. 261.

avaient eu à retirer un seul mot de leurs déclarations, ils l'eussent fait dans les longs intervalles de temps qui séparèrent les séances successives de la commission, et dans l'intervalle plus long encore qui s'écoula depuis le dépôt du rapport de la commission des arts insalubres (29 novembre 1841) jusqu'à la distribution des prix décernés à MM. Elkington et à moi (19 décembre 1842). On le voit, treize mois environ s'écoulèrent, et pas un mot de rétractation relativement à leurs cyanures simples ; pas un mot de réclamation pour mes ferro-cyanures ou pour mes autres combinaisons salines !

« Et cependant, le premier rapport..... imprimé en novembre 1841, avait été analysé, commenté par les journaux ; de sorte que les amis eux-mêmes de MM. Elkington, que leurs conseillers auraient pu les avertir qu'on les dépouillait d'une partie de leur bien, si ces amis, si ces conseillers, si les compatriotes de MM. Elkington n'avaient reconnu avec eux, si tout le monde enfin, à Londres, à Birmingham, comme à Paris, n'avait reconnu que les ferro-cyanures m'appartenaient. »

Est-ce croyable ?

Quoi ! MM. Elkington n'ont pas su qu'on les *dépouillait d'une partie de leur bien ?* Quoi ! M. Truffaut n'a pas en leur nom retiré un seul mot de la déclaration attribuée à M. Wright ?... Passons.

Et où trouvons-nous cela ? Dans une lettre, dans un mémoire : *Mémoire sur mes travaux électro-chi-*

miques, adressé *à M. le Président et à MM. les Juges de la 4e chambre du tribunal de 1re instance;* c'est donc devant la justice que ces choses ont été dites. Si le reste de l'écrit est à l'avenant, voilà des juges bien informés! Mais on verra qu'ils ont pu prendre ailleurs des informations.

Il n'a pas suffi à M. de Ruolz d'étouffer la voix de M. Truffaut pour se faire un argument de son silence; il le fait déposer contre M. Elkington. A l'en croire, ce n'est pas seulement M. Wright qui a fait à la commission cette fameuse réponse, ce serait aussi M. Truffaut! Que dis-je! M. de Ruolz fait parler M. Elkington contre lui-même. Lisez :

« Cet aveu n'eût-il été fait que par M. Truffaut, le mandataire des Elkington, qu'il n'en serait pas moins l'interprétation certaine, officielle, immuable, du langage obscur qu'ils avaient tenu dans leurs brevets..... Mais nous n'avons pas seulement la déclaration de M. Truffaut questionné par les commissaires de l'Académie; nous avons aussi l'assentiment donné à cette déclaration par M. Georges-Richard Elkington et par M. Wright, lorsqu'ils sont venus opérer devant les mêmes commissaires, dans le laboratoire de l'un d'eux, au Jardin des Plantes de Paris. »

Et j'ai sous les yeux la lettre de M. Truffaut, lettre où, sous la forme courtoise de respectueux regrets, perce presque à chaque ligne le ressentiment de trop justes griefs : « Si M. le rapporteur avait bien voulu nous faire l'honneur de nous consulter sur ces divers points..... etc., etc. » Mais nous reviendrons, dans le chapitre suivant, sur cette lettre et sur le rapport auquel elle répond.

Peut-être la suite ne prouvera-t-elle pas que M. de Ruolz soit doué, au point de vue scientifique et industriel, de grandes facultés d'invention, mais ce qui précède semblerait indiquer que ce n'est pas l'imagination qui lui manque.

Malheureusement l'imagination est le dernier don de l'historien.

Mais plus l'inexactitude passe toute mesure, et plus nous éprouvons de soulagement, parce qu'il devient évident que M. de Ruolz n'a péché que par ignorance. Il est évident que M. de Ruolz n'a pas eu connaissance de la lettre de M. Truffaut; ne dites pas que cela est invraisemblable, cela est évident. Je le prouve : On sait que cette lettre n'a point été insérée, et qu'elle a été seulement mentionnée dans les *Comptes rendus*; l'impartialité de l'Académie s'est trouvée satisfaite à ce prix : cela explique tout. La lettre a-t-elle été lue en séance publique? M. de Ruolz n'assistait pas à la séance. Il n'a pas ouvert le *Compte rendu* de cette séance; ou, s'il l'a ouvert, ses yeux ont glissé sans le voir sur le court article consacré à M. Truffaut; ou, si ses yeux ont lu cet article, son esprit n'en a éprouvé aucune impression, sa mémoire n'en a gardé aucun souvenir; il ne s'est pas demandé ce que M. Truffaut pouvait avoir à dire au nom de M. Elkington quinze jours après le rapport de M. Dumas; il n'a pas supposé que cela pût l'intéresser; il ne s'est pas promis de questionner M. Dumas sur ce point, ou il a omis de le faire, et M. Dumas lui-même a oublié ou n'a pas trouvé l'occasion de dire à M. de Ruolz : « A propos, nous avons reçu une réclamation de M. Elkington. » C'est ainsi que M. de Ruolz est arrivé jusqu'à l'année 1850 sans se douter que M. Truffaut eût écrit à l'Académie en 1841. Et quant aux paroles qu'il prête à celui-ci et à M. Elkington lui-même; simple et bien naturelle confusion de noms : Elkington, Wright, Truffaut; Truffaut, Wright, Elkington! un seul adversaire en trois personnes entre lesquelles on comprend que M. de Ruolz n'ait pas toujours nettement distingué. Qui n'admettra que s'il eût réussi à se débarrasser de l'un d'eux, M. de Ruolz n'eût volontiers donné les deux autres par-dessus le marché ?

Voilà l'explication des choses : point de calcul, pas de parti pris; oubli, erreur, ignorance du fait. Car on ne me fera point accroire que si M. de Ruolz eût connu la lettre écrite par M. Truffaut en décembre 1841, il eût écrit en 1851 dans un mémoire adressé à la justice :

« Treize mois s'écoulent, et pas un mot de rétractation. »

VI

L'homme mis hors de cause, le brevet subsiste.

Par ce troisième brevet d'addition pris le 27 septembre 1841 et délivré le 31 janvier 1842, il brevète tant pour la dorure que pour l'argenture, en même temps que plusieurs dissolutions de cyanure de potassium (car il n'a pas cessé de croire à leur vertu), des préparations où le cyano-ferrure est substitué au cyanure simple.

Dorure. — D'une part, dissoudre 6 parties de prussiate jaune dans 60 parties d'eau distillée; — d'autre part, dissoudre 1 partie de chlorure d'or dans 40 parties d'eau distillée; filtrer; — mêler les deux solutions, chauffer entre 70 et 80 degrés, laisser refroidir et le précipité se reposer; filtrer, étendre la liqueur de 50 parties d'eau distillée.

Argenture. — Dissoudre 15 parties de prussiate jaune dans 100 parties d'eau; filtrer; ajouter 1 partie de cyanure d'argent. Chauffer, laisser refroidir; filtrer, et garder le résidu de la filtration pour être joint à une autre dissolution.

M. de Ruolz indique aussi le cyano-ferride (prussiate rouge), mais en ajoutant que celui-ci donne des résultats moins avantageux.

Pourquoi cette substitution du cyanure jaune au cyanure blanc?

Parce que, répond l'auteur, le premier est moins cher que le second, et aussi parce qu'avec lui l'opération est plus rapide.

De pauvres raisons, comme on sait! Et comment s'empêcher de sourire quand on voit M. de Ruolz, après avoir fait bouillir son mélange de prussiate jaune et de chlorure d'or, écrire gravement : « Retirez du feu, remuez bien, laissez refroidir la liqueur et le *précipité se reposer*; filtrez alors. »

Comment, dis-je, ne pas sourire quand M. Bouilhet nous a appris que ce précipité et cette filtration extraient de la liqueur tout le fer qui avait été introduit dans le bain sous forme de prussiate jaune, de sorte que cette liqueur limpide résultat de la filtration, et dont M. de Ruolz nous a dit : « Employez-la, » contient exactement ce qu'elle eût contenu si M. de Ruolz y eût mis du cyanure de potassium au lieu de cyanoferrure ?

VII

Treize brevets ont suivi celui-là.

Dans le quatrième brevet d'addition demandé le 29 novembre 1841, le jour même où M. Dumas lisait son rapport, M. de Ruolz revient encore au cyanure de potassium (chlorure double d'or et de potassium dans le cyanure de potassium), et il brevète aussi le chlorure double d'or et de sodium dans une solution de soude à l'alcool.

Dans le cinquième (29 décembre 1841), il remplace les prussiates par l'hyposulfite de soude dans lequel il fait dissoudre du chlorure, du phosphate, du carbonate, du tartrate, de l'oxyde ou de l'oxalate d'argent; et il ajoute : « Dans les préparations d'argent ci-dessus indiquées, l'hyposulfite de soude peut être remplacé par les hyposulfites de potasse, de chaux et de baryte, de strontiane; mais celui de soude est de tous le plus économique. » La substitution des hyposulfites est-elle, plus que l'emploi du cyano-ferrure, un perfectionnement? demandez-le à l'industrie. Est-ce une invention? relisez dans la troisième partie les opinions des chimistes et les arrêts des tribunaux.

Dans le sixième brevet d'addition demandé le 4 février 1842, M. de Ruolz retourne au cyanure de potassium. Dorure : eau distillée, cyanure de potassium, chlorure d'or.

Dans le septième demandé le 7 mars 1842, il ajoute aux précédentes liqueurs les liqueurs suivantes : l'iodure d'or dans l'iodure de potassium; — l'oxyde d'or dans l'eau de baryte; — le sulfure d'or dans l'hyposulfite de soude; — le cyanure d'or dans l'hyposulfite de soude; — le sulfure d'or dans le ferro-cyanure de potassium; — et pour l'argentage, le borate ou le chlorure d'argent dans le ferro-cyanure.

Poursuivrons-nous jusqu'à la fin ce voyage à travers les innombrables brevets de M. de Ruolz? Non, parce qu'au point où nous en sommes tout ce qu'ils ont d'essentiel a passé sous les yeux du lecteur. En prolongeant cette énumération, nous tomberions dans d'interminables redites; on se fatigue plus vite de compulser les brevets de M. de Ruolz que M. de Ruolz ne se lasse d'en prendre. Bornons-nous à ajouter que dans ses neuvième, quinzième, seizième et dernier brevets d'additions (19 avril 1842, 4 février 1843 et 14 décembre 1844), on voit encore reparaître le cyanure de potassium.

Neuvième brevet : iodure d'argent ou sulfure d'or dans le cyanure de potassium.

Seizième brevet : mélange de cyanure de potassium et de cyano-ferrure tant pour produire l'or moulu que pour dorer mat sans cuivre.

En résumé, M. de Ruolz a breveté en quatre ans 22 préparations de dorage et 19 d'argentage; total, 41 préparations.

VIII

La multiplicité de ces formules prête à l'illusion : qui les a imaginées passe aisément pour avoir beaucoup inventé; mais ne nous en rapportons pas aux apparences, examinons.

Qu'a fait M. de Ruolz?

Il a pris l'oxyde, le cyanure, le chlorure, l'iodure ou le sulfure d'or,

Et l'a dissous :

Dans le cyanure, le ferro-cyanure, le ferri-cyanure ou l'iodure de potassium, dans la baryte ou dans l'hyposulfite de soude ;

Voilà pour la dorure.

Il a pris l'oxyde, le cyanure, le ferro-cyanure, le

chlorure, l'iodure, le carbonate, le phosphate, le borate ou l'oxalate d'argent,

Et l'a dissous :

Dans le cyanure, ou dans le ferro-cyanure de potassium, ou dans l'hyposulfite de soude, de potasse, de chaux, de baryte ou de strontiane ;

Voilà pour l'argenture.

Et il a obtenu, quoi? précisément ce que MM. Elkington ont breveté : la dissolution d'un sel double alcalin d'or ou d'argent.

MM. Elkington ont donné la dissolution modèle : un chlorure d'or ou d'argent dissous dans le cyanure de potassium. Mais évidemment chacun des deux facteurs du sel double, le composé d'or ou d'argent et le dissolvant alcalin, est susceptible de nombreux changements; d'autant de changements que chacun d'eux a d'équivalents. Nombreuses sont les sources où le sel d'or ou d'argent, d'une part, ou le sel alcalin de l'autre, peuvent être puisés.

Est-ce faire une invention que d'opérer ces faciles substitutions?

Ce ne sont pas seulement les savants et les magistrats qui résolvent cette question par la négative; l'homme doué du plus humble bon sens dira la même chose.

Étant admis qu'on dore et qu'on argente convenablement dans toutes solutions d'un sel double d'or ou d'argent à réaction alcaline, ce que M. Elkington nous a fait connaître ; comment celui qui compose une de ces solutions conformément à la formule, pourrait-il se flatter d'avoir fait une invention? le titre d'inventeur serait facile à mériter s'il se conquérait à ce prix! — Autant vaudrait en décorer celui qui applique une formule analytique à l'un des cas innombrables qu'elle embrasse.

Pour des découvertes chimiques d'un tel calibre il ne serait pas besoin d'un chimiste, il suffirait de savoir lire; j'ouvre un traité de chimie à l'article des sels d'or d'abord, à celui des sels alcalins ensuite; je prends ici, je prends là; je mêle, je remue, je chauffe, je rafraîchis, je filtre, et voilà un bain de pris sur le domaine de MM. Elkington et une découverte de faite.

C'est ainsi que sans le savoir a procédé M. de Ruolz: prendre tous les sels qui peuvent remplacer le chlorure d'or ou d'argent, les combiner à tous les sels qui peuvent se substituer au cyanure de potassium et..... breveter. Il a breveté successivement tout ce que MM. Elkington avaient breveté simultanément. Ceux-ci avaient trouvé la formule générale, il la détaille; ils avaient créé le type, il en multiplie les épreuves. Il a dispersé dans seize brevets la monnaie du brevet Elkington. Ces seize brevets font penser aux défilés du cirque où, à la faveur de rapides déguisements, le même comparse figure dans tous les régiments de la grande armée. Mais ce n'est plus la fécondité de M. de Ruolz qui m'étonne: pourquoi 41 et non pas 41 fois 41 solutions? combien d'autres combinaisons possibles entre les équivalents des chlorures et ceux du cyanure blanc! mais toutes ensemble elles ne feraient pas une invention. Telle était apparemment la pensée de M. de Ruolz lui-même quand il prenait ses brevets : « l'on peut remplacer les liqueurs décrites en nos précédents brevets par une des dissolutions suivantes, » dit-il dans son 3e brevet d'addition, et il propose le prussiate jaune. « On peut opérer avec les dissolutions suivantes » dit-il dans son 5e brevet d'addition, et il propose l'hyposulfite de soude. C'est donc dans sa pensée un simple remplacement, la substitution d'un équivalent à un autre; c'est, il doit le croire, une amélioration au procédé primitif, à l'emploi du cyanure, mais ce n'est rien de plus; on peut l'adopter, mais on pourrait s'en tenir au cyanure, qui forme toujours la dissolution type, et à laquelle en effet on a vu qu'il revient sans cesse. Ce n'est pas en ces termes modestes que dans son *Mémoire sur les arts insalubres*, rédigé immédiatement après avoir fait breveter le cyanure de potassium, M. de Ruolz parlait de celui-ci ; sans doute, il avait tort de s'en croire l'inventeur, mais il ne se trompait pas en lui accordant un grand prix. Plus tard un revirement complet s'opéra dans ses opinions et dans son langage ; le cyano-ferrure, les hyposulfites, les sulfures, ne constituèrent plus des additions à une invention primitive, mais une invention à part, supérieure à tout ce qui l'avait précédée. Le cyanure blanc ne fut plus rien, il fut moins que rien, un agent défectueux, une cause de ruine, un danger; le cyanure jaune fut tout; par l'emploi de ce cyanure jaune, M. de Ruolz laissa MM. Elkington bien loin derrière lui. On verra que nous n'exagérons rien. Discuterons-nous ces prétentions ? A quoi bon, puisqu'elles ont reçu maintenant une solution définitive ? et c'est bien assez faire que de la mentionner.

IX

Ici nous sommes obligé d'empiéter sur la suite du récit et de dire que les brevets de M. de Ruolz et ceux de MM. Elkington ont eu un seul et même acquéreur, M. Christofle, et que les premiers n'ayant qu'une durée de 10 ans, expirèrent cinq années avant les seconds ; par conséquent, si M. de Ruolz a inventé quelque chose en dorure ou en argenture, l'expiration de ses brevets a mis ce quelque chose dans le domaine public à une époque où les brevets de MM. Elkington continuaient d'être l'objet d'un privilége, de sorte qu'à côté de la maison Christofle exploitant les inventions de ceux-ci, d'autres maisons ont pu exploiter librement les inventions de M. de Ruolz. C'est en effet ce que certains industriels aimèrent à se persuader, et M. de Ruolz les encouragea dans cette illusion.

Dans une note rédigée à leur intention, sous forme de demandes et de réponses, il leur certifiait que son brevet relatif à l'argenture tombé, le 15 février 1850, dans le domaine public, renferme des procédés complétement différents de ceux de M. Elkington, et qu'on peut argenter ou dorer par ses procédés sans se servir d'aucun des moyens ou agents pour lesquels M. Elkington est breveté (1). Mais de son côté, M. Ch. Christofle donnait aux mêmes industriels un avis tout opposé.

Convaincu que les brevets Ruolz rentraient dans les brevets Elkington, il n'admettait pas que l'expiration des premiers restreignît le privilége qu'à son avis les seconds avaient seuls pu lui conférer, et par une circulaire en date du 7 décembre 1850, il faisait connaître sa résolution de poursuivre quiconque aurait l'imprudence de céder aux excitations de M. de Ruolz.

Ces excitations l'emportèrent, et sept fabricants comparurent devant le tribunal correctionnel de la Seine, d'où ils allèrent plus tard en Cour d'appel.

Tribunal correctionnel de la Seine.

Audience du 29 mai 1852.

« Attendu que des procès-verbaux de, etc..., résulte la preuve qu'en septembre, etc..., ledit Charpentier a argenté une grande quantité de couverts et autres objets d'orfévrerie *par des procédés qu'il soutient être tombés dans le domaine public avec les brevets de Ruolz*, MAIS DONT L'USAGE EXCLUSIF APPARTIENT ENCORE A CHRISTOFLE, COMME RENTRANT DANS LES BREVETS DE RICHARD ELKINGTON, dont il est cessionnaire, ainsi que cela résulte, etc...

(1) Réponse faite par M. de Ruolz aux questions posées par quelques fabricants de Paris. 1850.

« Faisant application, etc... condamne, etc.... fixe la durée, etc. »

Appel des condamnés : — confirmation de l'arrêt le 25 novembre 1852.

Ainsi les brevets de M. de Ruolz, ces nombreux brevets pris de 1840 à 1844, et contenant 22 préparations pour le dorage et 19 préparations pour l'argentage; ces 16 brevets, ces 41 formules, y compris le prussiate jaune, les hyposulfites, les sulfures : tout cela rentre dans les brevets de MM. Elkington.

Et M. de Ruolz n'a rien inventé.

Quoi même le cyano-ferrure de potassium ?—Même le cyano-ferrure ? Si on juge la question assez grave pour motiver un arrêt spécial, il y en a un.

A l'occasion de cet avis que M. Christofle adressait aux fabricants, afin, disait-il, de se mettre à l'abri du reproche de surprise, M. de Ruolz lui-même et M. Charpentier intentèrent à M. Christofle une action civile. C'est en vue de ce procès que M. de Ruolz rédigea le *Mémoire sur mes travaux électro-chimiques*, adressé à *M. le Président et à messieurs les Juges de la quatrième chambre du tribunal de première instance*, auquel nous avons fait quelques emprunts, et qui nous occupera encore dans un des chapitres suivants.

« J'attends avec confiance l'arrêt de mes juges, » disait M. de Ruolz en terminant son mémoire.

Voyons l'arrêt et du même coup nous saurons ce que *veut la loi*, comme disait un des amis, un des défenseurs officieux de M. de Ruolz.

COUR DE CASSATION.

Chambre des requêtes.

(Bulletin du 16 mars.)

« Attendu que devant la Cour de Paris, le débat pour la dorure et l'argenture portait sur une raison de décider commune à l'un et à l'autre procédé, à savoir : *Si l'invocation dans les brevets Elkington*, du PRUSSIATE SIMPLE ET DES AUTRES PRUSSIATES SOLUBLES, ne comprenait pas le PRUSSIATE JAUNE DE POTASSE qui servait de base au brevet pris par Ruolz le 31 janvier 1842 ;

« QU'EN RÉSOLVANT CETTE QUESTION PAR L'AFFIRMATIVE, l'arrêt attaqué motivait nécessairement l'affirmation du jugement de première instance, soit en ce qui concerne la dorure, soit à l'égard de l'argenture ; qu'il n'a donc pas violé l'article 7 de la loi du 20 avril 1810 ;

« Rejet des pourvois formés par MM. Charpentier et de Ruolz contre l'arrêt de la Cour de Paris du 22 avril 1852, rendu au profit de MM. Charles Christofle et Cie. »

Donc même le cyano-ferrure de potassium !

Ainsi M. de Ruolz n'a rien découvert que MM. Elkington n'eussent découvert avant lui. Il n'est pour rien ni dans l'invention de la dorure ni dans celle de l'argenture ; l'orfévrerie galvanique ne lui doit rien et nous avons pleinement justifié le titre de ce chapitre : UN INVENTEUR DU LENDEMAIN.

CHAPITRE II

Comme on écrit l'histoire.

I

Le service de la vérité est un service de guerre.

Entre une vérité en opposition avec le sentiment populaire et un de ces préjugés à la longue barbe (expression de Montaigne) qui ont tout le monde pour eux, la lutte ne peut être égale qu'à la condition que les amis de la nouvelle venue ne se contentent pas de la faire rayonner, et que cette tâche remplie, ils se tournent contre l'opinion dominante, qu'ils la démasquent, qu'ils montrent sur quel fonds d'illusions elle s'appuie et que tout le cortége de preuves prétendues dont elle marche entourée n'est qu'une escorte de fantômes. Autrement, le réel et l'imaginaire vont se livrer dans l'esprit public un combat dont sans doute le résultat final est assuré, mais dont persônne ne saurait fixer le terme. L'attraction de la vérité ne suffit jamais pour lui conquérir de nombreux adhérents parmi les esprits prévenus; il faut encore pousser à elle par la répulsion de l'erreur mise à nu. C'est seulement quand la critique du faux a complété la démonstration du vrai qu'on peut s'en rapporter au temps, collaborateur inévitable du soin d'achever l'œuvre commencée. Le vent de l'opinion vengeresse qui se levera tôt ou tard achèvera de jeter par terre le préjugé chancelant, l'idole ébranlée.

Nous n'essayerons pas de nous soustraire à cette obligation.

Nous venons de préciser la part de M. de Ruolz dans l'invention de l'orfévrerie électro-chimique ; cette part est nulle. Maintenant il nous faut faire rendre des comptes à l'opinion qui lui attribue le premier rang ; montrer comment elle s'est formée et comment elle s'est accréditée ; ce sera prouver qu'elle n'est pas soutenable.

Dans l'histoire de la formation du nom de M. de Ruolz, le Rapport académique du 29 novembre 1841 occupe non-seulement le premier rang, mais un rang à part, celui de la cause au regard de ses effets ; il est la source (*origo et fons*) de la grande et rapide fortune de ce nom populaire. Non qu'il ait engendré l'erreur qui a fait la célébrité de M. de Ruolz ; l'illusion est antérieure au Rapport, elle a pris naissance chez M. de Ruolz qui s'est cru et qui par conséquent s'est dit l'inventeur de l'orfévrerie voltaïque; mais c'est le Rapport qui lui a donné les apparences de la réalité, l'autorité de la chose jugée, et qui de cette vision, de ce néant, a fait une puissance. D'une prétention purement individuelle, sincère assurément, mais sans portée et qui se fût immédiatement dissipée à la lumière des faits, le jour où MM. Elkington eussent revendiqué leurs droits, le document académique a fait une vérité hors de contestation aux yeux de ceux qui se fournissent chez les savants justement illustres d'opinions toutes confectionnées. C'est sur la foi de ce document que les Montesquieu de l'affaire ont écrit l'histoire de la grandeur de M. de Ruolz, que l'Académie l'a couronné, que le gouvernement l'a décoré, que le jury de 1851 l'a médaillé et que le public l'a acclamé. C'est cette attestation qui a mis sur le chemin de sa maison les industriels qui se sont un moment associés à lui pour l'exploitation de l'orfévrerie électro-chimique. Enfin, c'est derrière ce jugement qu'il s'est retranché chaque fois que ses titres ont été mis en question. Grâce au Rapport, M. de Ruolz n'est plus Ruolz, il est légion : ce Rapport est donc comme une forteresse d'où l'erreur que nous combattons défie toutes les attaques de la critique. Si nous la délogeons de ce refuge, nous faisons tomber toutes ses défenses. Mais quittons ce belliqueux langage ; la victoire à remporter ne vaut pas qu'on embouche la trompette. Ce prétendu château fort n'est qu'un château de cartes. Disons donc tout bonnement que nous allons examiner l'œuvre académique, parce que cet examen constitue la seule partie sérieuse de notre tâche, et d'ailleurs cette pièce est la première qui se présente à nous dans l'ordre chronologique.

Peut-être le lecteur s'étonnera-t-il de nous entendre

parler aussi librement d'une œuvre due à la collaboration d'hommes éminents et signée d'un nom illustre entre tous. Mais notre hardiesse est bien plus apparente que réelle. Nous serions le premier à rire de nous-même, si l'outrecuidante pensée pouvait nous venir d'entrer en lice avec le Rapporteur à propos d'une question de chimie, et de mesurer notre faiblesse à son génie sur le théâtre même de sa gloire. Mais nous ne sommes pas coupable de tant de présomption. Les taches que nous voyons à son œuvre, ses yeux n'ont pas attendu nos avertissements pour les découvrir; et nous ne pouvons même pas réclamer le puéril honneur d'avoir été le premier à les signaler. Ce n'est donc pas pour le vain plaisir de montrer, par un exemple de plus, que les hommes du plus grand mérite sont eux-mêmes sujets à l'erreur, que nous nous livrerons à la critique qui va suivre; nous ne nous la permettons que parce qu'elle forme la condition absolue de la tâche que nous nous sommes imposée. Si le respect auquel ont droit les commissaires de l'Académie nous empêchait de toucher à leur œuvre, cette œuvre, entourée du juste prestige qu'elle tire de son origine, réduirait à néant, par son seul rayonnement, tout ce que nous avons écrit. On nous réfuterait, rien qu'en l'invoquant, ce qu'on ne manquerait pas de faire. Ou le Rapport est erroné, ou tout ce qu'on vient de lire n'est qu'une suite de contre-vérités. Ce dilemme nous enserre; nous n'avons pas le choix entre d'autres issues. Il faut qu'on cesse de se faire d'erreurs dont sont depuis longtemps revenus ceux qui les ont commises et que plusieurs d'entre eux ont réparées, autant que cela a été en leur pouvoir, il faut, dis-je, qu'on cesse de s'en faire des armes défensives et offensives contre les vérités que nous avons entrepris de mettre en lumière. Mais c'est contre celui qui en tire bénéfice que nous relevons ces erreurs et non contre ceux dont l'autorité les a accréditées; car il nous sera aisé de montrer que les unes s'expliquent par des circonstances indépendantes de leur volonté, et les autres par l'élévation même et la générosité de leur esprit. Cela dit, nous entrons en matière sans craindre, en faisant preuve d'indépendance, de nous montrer irrespectueux, et persuadé, au contraire, que la franchise est le seul genre de flatterie que comporte l'élévation de caractère de ceux avec lesquels nous avons le malheur de nous trouver en dissidence; les admirer, comme nous le faisons, et les critiquer, comme nous allons le faire, c'est mieux que de chanter leurs louanges; c'est prouver que nous avons confiance dans la solidité de leur gloire.

II

Qui veut démontrer ne doit pas reculer devant une répétition.

Rappelons donc

1° Que le premier brevet d'addition de M. de Ruolz

relatif à la dorure et à l'argenture galvaniques, et qui n'est qu'une répétition de ceux de MM. Elkington, a été demandé le 17 juin 1841, par conséquent huit mois et dix-huit jours après la prise de ceux-ci, six mois et demi après la délivrance de l'un d'eux, cinq mois et vingt jours après la délivrance de l'autre ;

2° Que ce brevet était le seul que M. de Ruolz eût pris sur le sujet qui nous occupe quand, le 9 août 1841, il présenta à l'Académie des sciences et pour le concours du prix Montyon, son *Mémoire sur les arts insalubres* ;

3° Que le contenu de ce mémoire est identique à celui des brevets pris antérieurement par l'auteur, et que par conséquent c'est tout simplement l'invention de MM. Elkington, à savoir la dorure et l'argenture par l'emploi du courant galvanique et de solutions de cyanures d'or et d'argent, que, sans le savoir, M. de Ruolz présentait au concours pour les arts insalubres.

Ce rapport fut renvoyé à l'examen de MM. Darcet, Pelletier, Pelouze, Thénard et Dumas.

Quelques semaines après le dépôt du mémoire de M. de Ruolz, le 20 septembre 1841, M. H. Elkington adressa pour le même concours, par l'entremise de M. Wright, la description du procédé de dorure par immersion qu'il avait fait breveter en France le 11 octobre 1836.

Bientôt après, M. H. Elkington (toujours par l'organe de M. Wright) mit sous les yeux des commissaires le brevet relatif à la dorure galvanique qu'il avait pris le 29 septembre 1840. « Ce mémoire, dit M. le rapporteur (le mémoire de M. de Ruolz), les produits qui l'accompagnaient avaient vivement excité l'intérêt de la commission, lorsque l'agent de M. Elkington à Paris s'empressa de soumettre à l'Académie un brevet pris par M. Elkington......la commission reconnut en effet, avec surprise, que ce brevet existait, qu'il renfermait la description d'un procédé pour l'application de l'or.... » (1) La commission s'étonne d'ailleurs qu'on ne lui ait parlé de ce brevet qu'après qu'il eût été question des procédés de M. de Ruolz, ce qui constate que l'inventeur anglais descendit dans la lice dès qu'il eut appris que l'inventeur français s'y était présenté.

Quant au brevet sur l'argenture galvanique pris par M. G. R. Elkington, il ne fut pas adressé au concours ; il ne paraissait pas devoir l'être. Ainsi que l'a dit quelque part M. de Ruolz, le mercure n'étant pas employé dans l'argenture, la question philanthropique en est écartée (2). Les perfectionnements apportés à cette branche de l'orfévrerie n'étaient donc point du ressort de la commission des arts insalubres.

En résumé, cette commission eut à examiner les procédés de M. H. Elkington pour la dorure au trempé

(1) *Rapport sur les nouveaux procédés*, etc., *Comptes rendus*. Séance du 29 novembre 1841. Nous rétablirons plus loin la citation tout entière.

(2) *Lettre de M. Ruolz aux membres de l'Assemblée nationale*. Dans l'*Histoire de la dorure et de l'argenture électro-chimiques*, p. 172.

et ceux de MM. H. Elkington et de Ruolz pour la dorure galvanique ; et comme le second n'a fait que rééditer les découvertes du premier, le prix Montyon n'a été brigué en l'année 1841 que par un seul concurrent sérieux, et cet unique concurrent, M. H. Elkington, l'a mérité deux fois. Voici cependant les conclusions de la commission :

« En terminant, votre commission se croit obligée de déclarer que, forcée comme elle l'a été de limiter le temps qu'elle pouvait consacrer à cet examen, puisqu'elle agissait comme commission pour les prix Montyon et qu'elle ne pouvait retarder plus longtemps son rapport, elle a dû se borner à tracer ici l'histoire sommaire de ses expériences, sans prétendre à faire une exposition systématique de l'état de la science sur le point dont elle s'est occupée.

« Ce qu'elle a eu en vue, c'est l'application économique; toutes ses recherches ont été tournées de ce côté : c'était son devoir.

« Sous ce rapport, les expériences de M. de Ruolz lui ont présenté un caractère de nouveauté très-réel. Leur utilité lui a paru digne de toute l'attention de l'Académie. Elle se plaît à reconnaître, d'ailleurs, que l'auteur a fait preuve, dans ce long travail, d'une pénétration remarquable et d'une persistance bien digne d'être couronnée par un succès complet.

« Elle vient donc vous demander avec confiance de décider que le Mémoire de M. de Ruolz soit admis à faire partie du *Recueil des savants étrangers.* »

De M. Henri Elkington les conclusions ne prononcent même pas le nom ; ce qui prouve que, bien loin de dissiper les illusions de M. de Ruolz, la commissions les a partagées (nous le savions déjà), et qu'au 29 novembre 1841, l'illustre rapporteur en savait bien moins long sur cette histoire que n'en savent à cette heure les lecteurs de cet ouvrage.

III

Après un préambule sur l'intérêt hygiénique, économique et social des nouveaux procédés, la commission divise son travail de la manière suivante :

1° *Dorure par voie humide*;

2° *Procédé galvanique de M. Elkington* ;

3° *Procédés galvaniques de M. de Ruolz.*

Cette division est prise dans le fond même du sujet.

Mais ce qui dès le premier coup d'œil frappe de surprise celui qui possède tous les éléments de cette question, c'est la disproportion entre l'espace mesuré à M. H. Elkington et l'espace prodigué à M. de Ruolz.

Dans l'exemplaire in-8° que nous avons sous les yeux, le Rapport occupe 38 pages. Les huit premières sont consacrées aux préliminaires ; sur les 31 pages qui restent, M. Elkington en emprunte un peu moins de cinq, M. de Ruolz en absorbe 26.

Il y a des bibliomanes qui, lorsqu'ils ont consacré à un livre nouveau le temps strictement nécessaire pour en couper les pages, s'estiment en avoir pris une connaissance suffisante et le relèguent dès ce moment sur un des rayons de leur bibliothèque; pour un lecteur de cette trempe, il ne serait pas douteux que les travaux de M. de Ruolz ne présentent cinq fois autant d'intérêt que ceux de M. Elkington.

Mais si nous ne nous bornons pas à feuilleter le Rapport, nous aurons bientôt l'explication de cette choquante disproportion; seulement l'explication sera pour nous un nouveau motif d'étonnement.

M. de Ruolz ne remplit tant de pages que parce qu'il n'y figure pas seulement comme un des inventeurs (réel ou présumé) de la dorure et comme l'inventeur de l'argenture galvanique, mais encore comme ayant fait servir les procédés galvaniques à l'*application d'un grand nombre de métaux sur d'autres métaux*; aussi, après avoir examiné les procédés de *dorure* et d'*argenture* de l'auteur du mémoire, le rapporteur rend-il compte de ses procédés de *platinure*, *cuivrage*, *plombage*, *étamage*, *cobaltisage*, *nickelisage* et *zincage*.

Tout cela peut avoir le plus vif intérêt, mais nous regardons au titre de cet ouvrage : *De l'orfèvrerie électro-chimique*, il s'agit de dorure et d'argenture galvaniques; platinure, cuivrage, plombage, etc., ne sont pas de notre sujet.

Entraient-ils dans le cadre du Rapport plus que dans

le nôtre? Non! De qui ce rapport émane-t-il? De la *commission des arts insalubres*. Quel est son objet? De proposer aux suffrages de l'Académie les auteurs des procédés qui auront atténué ou annulé les dangers d'un art insalubre. Voyez le titre du document : *Rapport sur les nouveaux procédés introduits dans l'art du doreur, par MM. Elkington et de Ruolz.* Je crains que la commission n'ait pas pris la précaution de relire son titre, comme nous venons de relire le nôtre. On voit que l'argenture même est absente de ce titre : elle devait l'être ; à plus forte raison n'y est-il question ni de platinure, ni de cuivrage, etc.

Ainsi la commission n'arrive à grossir si démesurément la place prise par M. de Ruolz qu'en s'écartant de son sujet au point de le perdre absolument de vue, et de confondre dans un même oubli son mandat, M. de Montyon, l'ouvrier doreur et les usages académiques. Nous comprenons parfaitement qu'elle se soit laissé aller au plaisir de cette longue digression, mais le bon sens et la justice veulent que ce hors-d'œuvre n'ait exercé aucune influence sur la décision des juges chargés d'apprécier la valeur des procédés applicables à l'art du doreur.

Assurément il eût été préférable que l'auteur séparât parmi les procédés de M. de Ruolz, ceux qui étaient du ressort de la commission des arts insalubres, de ceux qui, indifférents à l'hygiène professionnelle, offraient un intérêt exclusivement scientifique ou industriel, et qu'il eût fait de chacune de ces deux catégories de recherches l'objet d'un travail spécial. Mais puisqu'enfin on en jugeait autrement, encore eût-il fallu que tous les candidats au prix Montyon, également prévenus de l'excursion qu'on méditait de faire hors de la dorure, eussent été mis en mesure de profiter de ces dispositions. Il est vraisemblable, par exemple, que si M. Richard Elkington eût appris que la commission des arts insalubres s'occuperait d'argenture, il se fût empressé de lui faire connaître son brevet en date du 29 septembre 1840, et peut-être même MM. Elkington, s'ils avaient pu prévoir que la commission traiterait la question générale de l'application galvanique des métaux les uns sur les autres, eussent-ils eu encore d'autres communications à faire. Cela est même certain; car voici ce que dans la lettre déjà citée, M. Truffaut écrivait à ce sujet :

« Nous répéterons ici que, si nous avions été interrogé par M. le Rapporteur sur la question de savoir si M. Elkington s'était occupé de procédés relatifs à l'argenture ou du platinage des divers métaux, nous lui aurions répondu par la production des divers brevets que M. Elkington a obtenus depuis longtemps, et *dans lesquels M. de Ruolz a pu puiser des renseignements utiles pour produire les objets qu'il a présentés à l'Académie*. Si nous avions été consulté à cet égard, nous aurions offert de répéter devant la commission les procédés brevetés de M. Elkington. Des expériences à ce sujet ont été faites à plusieurs reprises, et notamment en présence de personnes dont le témoiguage ne peut être révoqué en doute. Dans l'une d'elles, qui a eu lieu en présence de M. Pelletier, le résultat obtenu a été complet. Nous rappelons, à ce sujet, les souvenirs de ce savant académicien, et nous ne doutons pas qu'il ne confirme ce que nous avançons. Du reste, nous sommes prêt à mettre sous les yeux de l'Académie des objets argentés par le procédé de la pile galvanique, et spécialement par celui à raison duquel M. Elkington a été breveté le 28 décembre 1840. Il a encore d'autres brevets pour argenter les métaux et pour couvrir et colorer d'une couche de zinc ceux qui en sont susceptibles, afin de prévenir leur oxydation, d'une date antérieure. »

Ainsi, à la surprise qu'excite la commission en s'écartant de son mandat, s'ajoute le regret de voir cette violation des règles profiter exclusivement à l'un des candidats.

Mais ne nous arrêtons pas davantage à cette première et à cette double irrégularité ; ce n'est malheureusement pas la seule que nous aurons à constater.

Voici, en effet, quelque chose de bien plus singulier (s'il est possible) que ce qui précède :

Il plaît à la commission de faire entrer des procédés de platinure, cuivrage, plombage, étamage, cobaltisage, nickelisage et zincage, dans un *Rapport sur les nouveaux procédés introduits dans l'art du doreur*. Soit. Mais encore, où a-t-elle pris ces procédés ?

Le *Mémoire* de M. de Ruolz *sur les arts insalubres*

a été déposé à l'Académie le 9 août 1841 ; le Rapport a été lu le 29 novembre 1841. Entre la date de ce Mémoire et celle du Rapport, M. de Ruolz a-t-il fait d'autre communication à l'Académie? Non. C'est donc par son Mémoire du 9 août que M. de Ruolz a saisi l'Académie de ses procédés de nickelisage, colbatisage, etc.? On pourrait le croire. Et en effet, le Rapport se termine en demandant l'insertion du Mémoire de M. de Ruolz dans le *Recueil des savants étrangers.* Mais celui qui, voulant s'enquérir des procédés de platinure, etc., de M. de Ruolz, recourra sur la foi du Rapport au *Recueil des savants étrangers* sera bien surpris, car ni de plombage ni d'étamage, etc., le mémoire ne renferme un mot; nos lecteurs savent qu'il ne contient rien de plus que les procédés de dorure et d'argenture inventés par MM. Elkington. Où le Rapport a-t-il trouvé les nombreux procédés dont il parle? demandera donc ce chercheur dans l'embarras, et c'est ce que nous demandons nous-même.

Il paraît donc qu'une commission chargée de porter un jugement sur un mémoire adressé à l'Académie peut étendre son examen à ce qui n'est pas dans ce mémoire. Si telle est la règle, le dépôt préalable d'un travail quelconque n'est plus qu'une insignifiante formalité qu'il vaudrait mieux supprimer tout de suite.

En regard de la situation que la commission a faite à M. de Ruolz, mettons maintenant celle qui fut faite à M. H. Elkington et dont la lettre de M. Truffaut nous permet de nous faire une idée : « Si M. le Rapporteur avait bien voulu nous faire l'honneur de nous consulter sur ces divers points... » — « Si nous avions été consulté à cet égard... » — « Si nous avions été mis à même de procéder .. » etc., etc... On s'explique ensuite cette exclamation de M. G.-R. Elkington :

« M, de Ruolz est très-heureux ! »

Arrivons maintenant à la partie du Rapport relative à la dorure, et, comme nous avons dit sur le trempé tout ce qu'il y avait à en dire, passons sans transition au chapitre électro-chimique.

IV

Dès les premières lignes, ce chapitre nous met en présence non plus de simples infractions à des conventions plus ou moins respectables, mais d'une grosse erreur de fait, commise encore à l'avantage de M. de Ruolz.

La commission commence, en effet, par se tromper sur la date du brevet de M. de Ruolz et sur celle du brevet Elkington. Voilà donc pour la première fois les deux candidats classés *ex æquo!* mais avec cette différence qu'en se trompant sur le brevet Ruolz, on en surfait la valeur; tandis qu'en se trompant sur le brevet Elkington, on le déprécie. C'est une erreur en plus dans le premier cas, en moins dans le second, et qui, bien loin de se compenser, s'ajoutent, ainsi qu'on va le voir.

Peut-être se rappelle-t-on l'hypothèse que nous avons faite dans le chapitre intitulé : *Un inventeur du lendemain.* Nous avons supposé que, dans un moment de distraction, quelqu'un, confondant le premier brevet Ruolz qui n'a rien à faire dans la question en litige avec le second qui seul s'y rapporte, ferait remonter jusqu'au 19 décembre 1841 et, par conséquent, vieillirait de six mois le titre de M. de Ruolz, en même temps que, confondant la prise avec la délivrance du brevet de M. H. Elkington, il rajeunirait de plus de deux mois les titres de celui-ci. La conséquence de cette double inadvertance serait de réduire de huit mois à onze jours et par conséquent à des proportions insignifiantes l'antériorité de M. H. Elkington sur M. de Ruolz. Ce point de départ une fois admis, on ne s'écarterait pas beaucoup de la vérité en disant de M. de Ruolz, qui est entré huit mois après MM. Elkington dans la route ouverte par ceux-ci, qu'il *s'est rencontré* avec eux. Or, ce petit roman ne tient de l'hypothèse que par la forme que nous lui avons donnée, et la supposition ne nous a pas coûté une grande dépense d'imagination ; car ces deux erreurs en sens inverse, et qui s'additionnent au profit de M. de Ruolz, la commission les a commises.

J'entends le lecteur : « C'est impossible ! » — C'est un fait.

Et le fait s'explique, comme tout le reste, par cette

circonstance que le temps a manqué à la commission. C'est bien un peu la faute de celle-ci ; car enfin, si, au lieu de céder à cette humeur erratique qui l'entraînait sur le terrain du nickelisage et du cobaltisage, elle se fût renfermée dans son sujet, la dorure, il est clair qu'elle eût pu apporter plus de maturité à l'accomplissement de son mandat.

Voici comment le Rapport s'exprime sur la date des brevets; ici nous complétons une phrase dont nous n'avons donné ci-dessus qu'un extrait; malheureusement en la complétant, au lieu d'une faute, nous allons en faire lever deux :

« Ce Mémoire (le Mémoire de M. de Ruolz, en date du 9 août), les produits qui l'accompagnaient avaient vivement excité l'intérêt de la commission, lorsque l'agent de M. Elkington à Paris s'empressa de soumettre à l'Académie un brevet pris par M. Elkington, et *antérieur de quelques jours à celui de M. de Ruolz.* La commission reconnut en effet, avec surprise, que ce brevet existait, qu'il renfermait la description d'un procédé pour l'application de l'or *ayant de l'analogie avec celui de M. de Ruolz.* »

Et plus loin :

« Ainsi que nous l'avons fait remarquer plus haut, *tandis que M. Elkington* sollicitait une addition à ses brevets, *M. de Ruolz, de son côté,* prenait un brevet d'invention pour le même objet. *Le brevet de M. Elkington est du 8 décembre 1840; celui de M. de Ruolz, du 19 décembre.* Tout démontre que M. de Ruolz a travaillé, de son côté, sans connaître *la demande* de M. Elkington; *d'ailleurs ses procédés sont aujourd'hui fort différents de ceux de l'industriel anglais.*

« Laissant de côté ces questions de brevet que nous n'avons pas à examiner, et nous renfermant dans la discussion scientifique, nous allons exposer à l'Académie les résultats remarquables obtenus par M. de Ruolz. »

Que la commission se montre si indifférente « à ces questions de brevet,» c'est une conséquence naturelle de la méprise dans laquelle elle est tombée relativement à leurs dates. Dès qu'on réduit à un intervalle de quelques jours le laps de temps qui les sépare, le point de savoir si M. de Ruolz « a travaillé de son côté » ne mérite même plus d'être examiné. Mais la commission a un autre motif encore et non moins décisif pour faire bon marché de « ces questions de brevet. » C'est qu'à son avis les procédés de M. de Ruolz sont très-différents de ceux de M. Elkington. Il est évident, en effet, que la question de priorité ne peut se poser que là où il y a analogie. Or les commissaires reconnaissent bien qu'une certaine analogie a existé entre les procédés décrits par M. de Ruolz dans son Mémoire du 9 août 1841 et ceux de M. Elkington; mais, à la date du Rapport, elle n'existait plus. «D'ailleurs, dit le rapporteur, ses procédés sont aujourd'hui fort différents de ceux de l'industriel anglais; » aujourd'hui, c'est-à-dire à la date du Rapport; on sait déjà que la commission ne bornait pas son examen aux communications faites par M. de Ruolz à l'Académie. Or, dès qu'il y a de grandes différences entre les procédés, les dates n'ont plus le droit de nous préoccuper. Malheureusement ce second motif d'indifférence est encore une illusion ; mais suivons la commission dans l'examen successif des procédés de MM. Elkington et de Ruolz.

V

L'espace consacré à la description et à l'appréciation du procédé de dorure galvanique de M. H. Elkington est de moins d'une page et demie.

Le rapporteur analyse le procédé ; mentionne que M. Wright s'est servi de cyanure de potassium ; déclare avoir doré du laiton, du cuivre et de l'argent, et reconnaît en ces termes l'excellence des résultats obtenus :

« En opérant sur une cuiller de dessert en argent, avec la liqueur portée à 60° centigrades, on obtient une dorure rapide et régulière. A peine immergée, la cuiller était déjà couverte d'or. Par chaque minute il s'en déposait environ 5 centigrammes, et nous n'avons pas prolongé l'expérience lorsque, après six pesées successives, nous avons reconnu que la quantité demeurait la même pour le même temps.

« On peut donc augmenter l'épaisseur de la couche

d'or à volonté, et se rendre compte de cette épaisseur par la durée de l'immersion. »

Jusqu'ici le témoignage est des plus flatteurs pour M. Elkington, et l'on pourrait s'attendre à voir la commission conclure en sa faveur. C'est tout le contraire.

« Mais, ajoute la commission, le cyanure de potassium simple est un sel coûteux, — difficile à conserver en dissolution, — dont l'emploi susciterait divers obstacles en fabrique, — et il reste douteux qu'en l'employant la dorure se fît à meilleur compte que par la méthode actuelle au mercure. »

Quatre propositions erronées ainsi que le prouve l'extrait suivant de la lettre de M. Truffaut :

« Et d'abord, nous ne contestons pas que le cyanure de potassium simple soit un sel coûteux..... Mais ce que nous n'admettons pas, c'est que M. Elkington soit obligé à faire usage du cyanure de potassium simple dans l'état où on le rencontre dans le commerce. La vérité est que M. Elkington emploie le prussiate jaune ferrugineux, après lui avoir fait subir une préparation qui lui donne en quelque sorte l'aspect du cyanure simple. Voici en quoi consiste son procédé. Il met dans un creuset une certaine quantité de prussiate jaune ferrugineux qu'il fait calciner, et, lorsque la calcination est arrivée au point voulu, il fait piler le sel et il en obtient une poudre semblable à celle renfermée dans le paquet ci-joint. Lorsqu'il veut s'en servir, il plonge une partie de cette poudre dans une certaine quantité d'eau pour la faire dissoudre, et il filtre ensuite ; la partie ferrugineuse reste dans le filtre, et le surplus sert à composer son bain.

« C'est, comme on le voit, du cyanure simple extrait du cyanure ferrugineux dont le prix est peu élevé ; d'ailleurs les termes généraux dont M. Elkington s'est servi dans ses brevets indiquent assez qu'il s'est réservé la faculté d'employer toute espèce de cyanures solubles dans ses manipulations.

« Nous ne comprenons pas non plus les motifs qui ont déterminé M. le Rapporteur à déclarer à l'Académie que le cyanure de potassium simple est difficile à conserver en dissolution, et que son emploi susciterait divers obstacles en fabrique. Nous le comprenons d'autant moins que le bain de dorure qui a servi aux expériences dans le laboratoire de M. Dumas, est encore celui dont nous faisons usage actuellement, que nous emploierons dans six mois, dans un an et plus, parce que nous n'avons pas besoin de le renouveler; il est en quelque sorte perpétuel. Ainsi, le prix de cette matière n'est rien pour nous, puisque la dépense une fois faite, elle ne se renouvelle plus ou du moins très-rarement.

« Il résulte de ces détails, que la dorure de M. Elkington par le procédé galvanique est meilleur marché que toute autre, du même genre, y compris celle au mercure, et qu'elle pourra dans tous les temps soutenir avec avantage la concurrence qu'on serait tenté de lui faire.

« Pour mettre l'Académie à même d'apprécier à leur juste valeur les procédés de M. Elkington, voici en quoi consiste la dépense de son premier bain pour une once d'or.

L'once d'or coûte.	106 fr.	30 c.
Cyanure de potassium..	»	60
Acides nitrique et muriatique.. . .	»	25
Total..	107 fr.	15 c.

« Au fur et à mesure que l'or est enlevé au bain par les pièces à dorer, il est remplacé par celui que fournit à ce même bain une pièce d'or qui s'y trouve plongée et qui communique avec l'élément positif du couple voltaïque. »

Abordant plus tard avec l'autorité d'une longue pratique cette question du prix du cyanure et de la conservation des bains, M. Ch. Christofle a achevé de réduire à leur juste valeur les objections dont il s'agit.

« Au moment, a-t-il écrit, où notre industrie a commencé, le kilogramme de cyanure coûtait 80 fr., peu de temps après il tombait à 10 fr. Il en est toujours ainsi dans une industrie qui commence à employer des produits d'abord sans usages importants; la demande qui en est faite amène l'industrie à les préparer en grand, et leur prix diminue rapidement dans une forte proportion. Du reste, on peut voir dans les calculs qui sont donnés par M. Truffaut, que le prix du kilogramme de cyanure de potassium était, dès

1842, tout à fait indifférent dans l'art de la dorure. Aujourd'hui cela est bien plus vrai encore (1). Nos bains servent en effet depuis huit années sans avoir été refaits complétement. Cela a été une grande amélioration à laquelle n'avait pas songé M. de Ruolz, qui détruisait ses bains en renouvelant incessamment la dépense, comme on peut le vérifier par son registre de laboratoire. MM. Elkington nous ont appris à rendre les bains permanents. Mais aussi maintenant les proportions des sels combinés n'ont plus aucune importance (2). »

Ainsi, en résumé, dans le court chapitre consacré au procédé de M. H. Elkington, on ne trouve rien à dire contre les résultats que donne ce procédé, on ne trouve au contraire qu'à louer; la dorure est régulière, se fait rapidement, acquiert l'épaisseur qu'on veut lui donner. Cependant le rapport n'attache point de prix au procédé de M. H. Elkington, et cela parce qu'il fait jouer au prix du cyanure, élément insignifiant, un rôle considérable ; parce qu'il s'imagine que le bain formé de cyanure simple est difficile à conserver, tandis qu'il se conserve presque indéfiniment; parce qu'il se persuade que l'emploi du cyanure simple susciterait divers obstacles en fabrique, alors qu'il n'en suscite aucun; parce qu'il doute que la dorure faite au moyen de cyanure simple revienne

(1) M. Charles Christofle écrivait ceci en 1851.

(2) *Hist. de la dorure et de l'argenture électro-chimiques*, p. 381.

moins cher que la dorure au mercure, doute que le plus simple des calculs eût immédiatement dissipé; parce qu'ayant trop complétement « laissé de côté les questions de brevet, » il ne s'est pas aperçu que le droit de M. Elkington n'était pas limité à l'emploi du cyanure simple; parce qu'enfin et surtout il n'a pas prévu que, libre de choisir entre un grand nombre d'équivalents, l'industrie s'en tiendrait au cyanure de potassium, objet, dès l'origine de la dorure galvanique, de la préférence éclairée de M. H. Elkington.

Si les rapports académiques prêtaient ordinairement à de pareilles critiques, il faut avouer que l'autorité de l'Institut de France serait bien compromise; mais il est à présumer qu'une telle accumulation de méprises est un phénomène aussi rare qu'il est invraisemblable. Il ne doit pas arriver tous les jours que le temps manque au juge pour étudier la cause dans laquelle il porte un arrêt. Il est clair que, moins pressée par l'heure, la commission eût soumis aux représentants de M. H. Elkington les difficultés purement imaginaires qui l'arrêtaient; que ceux-ci les eussent dissipées; que par conséquent ces difficultés n'eussent pas été mentionnées dans le rapport; que ce rapport eût pris une tournure plus favorable à M. H. Elkington, et que M. Truffaut n'eût pas été fondé à écrire :

« Si M. le Rapporteur avait bien voulu nous faire l'honneur de nous consulter sur ces divers points, nous nous serions empressé de lui fournir les éclaircissements qui précèdent, et peut-être se serait-il déterminé à s'étendre davantage sur le procédé de dorure de M. H. Elkington par la pile galvanique. Nous livrons avec confiance ces réflexions aux méditations de l'Académie, et en particulier à la commission qu'elle a chargée de lui faire un rapport sur cette branche d'industrie. »

Nous allons voir maintenant la commission se tromper non moins gravement dans l'appréciation des procédés de M. de Ruolz, mais cette fois elle se trompera à l'avantage de son justiciable.

VI

Le chapitre consacré au procédé de dorure galvanique de M. de Ruolz occupe six pages et demie.

M. le Rapporteur commence par déclarer que M. de Ruolz « a éprouvé une telle variété de dissolutions d'or, qu'il lui a été facile d'en trouver de moins chères et de plus convenables que celles dont M. Elkington fait usage lui-même. »

« Ainsi, continue M. le Rapporteur, il s'est servi : 1° du cyanure d'or dissous dans le cyanure simple de potassium ; 2° du cyanure d'or dissous dans le cyanoferrure jaune ; 3° du cyanure d'or dissous dans le cyano-ferrure rouge ; 4° du chlorure d'or dissous dans les mêmes cyanures ; 5° du chlorure double d'or et de potassium dissous dans le cyanure de potassium ; 6° du chlorure double d'or et de sodium dissous dans la soude; 7° du sulfure d'or dissous dans le sulfure de potassium neutre. »

Nous voici bien loin du mémoire lu le 9 août 1841 à l'Académie des sciences par M. de Ruolz et renvoyé à l'examen de la commission des arts insalubres, mémoire où il n'était question que de cyanure simple de potassium.

En énumérant cette « variété de dissolutions d'or, » l'idée de se demander si M. de Ruolz a fait autre chose que de substituer des équivalents aux substances nominativement désignées par M. H. Elkington ne se présente même pas à l'esprit des commissaires. Nul doute qu'ils ne l'eussent tranchée comme l'ont fait depuis tant de savants chimistes, leurs confrères, comme quelques-uns des commissaires eux-mêmes l'ont fait plus tard, et comme enfin l'ont fait les tribunaux. Mais comment cette idée se fût-elle offerte à eux lorsqu'ils n'avaient pas cru devoir examiner « les questions de brevet? » Il est clair que la commission n'a pas connu les brevets Elkington; elle n'a pas su par quelle suite logique et progressive d'idées, de recherches et d'inventions, M. H. Elkington, de 1836 à 1840, après avoir reconnu l'efficacité d'un bain alcalin considéré d'abord par lui comme doué d'une propriété *suî generis*, est arrivé à la formule générale des bains alcalins; comment ensuite, appliquant cette formule au cas particulier de la dorure galvanique, il a reconnu dans les dissolutions de prussiates solubles et plus particulièrement dans celle de cyanure simple de potassium les bains les plus favorables à cette opération.

La commission n'a rien connu de tout cela, et l'ignorance dans laquelle elle est restée à cet égard explique la partialité assurément involontaire qui se remarque dans tout son travail.

Quant à l'avantage que les dissolutions éprouvées par M. de Ruolz auraient sur celles dont M. Elkington faisait usage, celui d'être « moins chères et plus convenables, » on sait à quoi s'en tenir là-dessus. Mais on ne comprend vraiment pas que la commission ait si longtemps persévéré dans cette illusion ; que ne se demandait-elle donc pour combien ce cyanure qui à l'époque du Rapport coûtait 80 fr. le kilog. et qui peu de temps après ne coûtait plus que 10 fr., entrait dans le prix d'un bain de dorure ? que ne le demandait-elle à M. Truffaut? M. Truffaut eût répondu : Il y entre pour la cent soixante-dix-huitième partie du prix total du bain.

M. le Rapporteur continue :

« Les chimistes seront même étonnés, à entendre tous ces procédés, que le dernier de tous, celui qui repose sur l'emploi des sulfures, soit le plus convenable, et qu'appliqué à dorer des métaux tels que le bronze et le laiton, dont on connaît la sensibilité en ce qui concerne la sulfuration, il réussisse à merveille en donnant la dorure la plus belle et la plus pure de ton. »

Certes les chimistes ont été étonnés, entre autres,

M. Jacobi, qui trouvait à l'emploi du sulfure d'or « des inconvénients et des désavantages (1). »

Certes, leur étonnement a dû être partagé par les industriels qui aujourd'hui encore n'emploient que le cyanure simple de potassium.

Et il n'est pas impossible que l'étonnement des industriels et des chimistes ait été partagé par M. de Ruolz lui-même, car le jour où la commission rendait en faveur du sulfure d'or dissous dans le sulfure neutre de potassium le témoignage qu'on vient de lire, et qui place cette dissolution si fort au-dessus de toutes les autres ; le 29 novembre 1841, M. de Ruolz prenait son quatrième brevet d'addition pour s'assurer le privilége d'un bain composé de chlorure double d'or et de potassium dans le *cyanure de potassium*.

Et non-seulement il le brevetait le jour même de la lecture du rapport, ce cyanure « coûteux, difficile à conserver , dont l'emploi susciterait divers obstacles, » etc., et qui, selon la commission, faisait l'infériorité du procédé Elkington; mais, on l'a vu : il le brevetait encore deux mois, quatre mois, quatorze mois, et trente-six mois plus tard, les 4 février et 19 avril 1842, 4 février 1843 et 14 décembre 1844, par ses 6e, 9e, 15e et 16e brevets d'addition.

Bien plus, lorsque, entré dans l'association dont le chapitre suivant racontera l'histoire, il lui faut songer à faire succéder la pratique de l'atelier aux expériences

(1) *Rapport fait à l'Académie des sciences de Saint-Pétersbourg sur la dorure galvanique.*

de laboratoire, nous le voyons, dans l'espace de 51 jours, se servir treize fois de ce cyanure simple de potassium condamné par la commission et que M. de Ruolz avait, disait-on, remplacé par une si « grande variété de dissolutions d'or moins chères et plus convenables. » En échange il n'emploie pas une seule fois le sulfure d'or dissous dans le sulfure de potassium neutre, qui, d'après le rapport, donne « la dorure la plus belle et la plus pure de ton. »

Si la commission à laquelle le temps a manqué pour lire dans le présent eût pu lire dans l'avenir, elle n'eût certes pas été moins « étonnée » que les chimistes, quoique pour d'autres motifs.

VII

Nous ne suivrons pas M. le Rapporteur dans son chapitre de l'argenture ; la commission des arts insalubres n'avait rien à voir dans cette question ; ce serait du reste, sous bien des rapports, une répétition de ce qui précède : « Tout ce que nous venons de dire des applications de l'or, il faut le répéter de celles de l'argent ; » ainsi s'exprime le Rapport au début de cet article. A plus forte raison ne pousserons-nous pas jusqu'aux régions lointaines du platinure, etc... On connaît les conclusions de cet extraordinaire Rapport : insertion du mémoire de M. de Ruolz dans le *Recueil des savants étrangers*; le nom de M. H. Elkington n'est même pas mentionné. Le coup dut lui être sensible; aujourd'hui que la lumière est faite sur toutes ces choses, le souvenir de ces conclusions est probablement plus amer à l'illustre rapporteur qu'à l'honorable inventeur anglais. Il est démontré en effet que la commission n'a pas connu les éléments de la question qu'elle était appelée à élucider et à résoudre, qu'elle s'est trompée sur tous les points sans exception, et la liste de ses erreurs est si longue, qu'après avoir exposé chacune d'elles en détail nous ne pouvons songer à en présenter le résumé. Qu'elle ait erré loyalement, cela ne peut faire doute pour personne. Mais si elle n'est coupable que de précipitation, et peut-être aussi de favoritisme involontaire, sa sincérité qui la disculpe n'engage pas l'histoire; l'histoire est après le Rapport ce qu'elle était avant; et celui qui, entreprenant de l'écrire, tient à ne s'appuyer que sur des documents positifs, doit tenir ce Rapport comme nul et non avenu.

VIII

Tant et de si grandes erreurs semblent absolument inexplicables; en réalité rien n'est plus facile que de les expliquer. Qu'on se représente les circonstances dans lesquelles le Rapport a pris naissance. Un jeune homme, un débutant, porteur d'un nom aristocratique, auteur, du moins le croit-il et personne encore n'a de motifs d'en douter, d'une découverte dont la science et l'humanité ont également à s'applaudir, se présente à la commission du prix Montyon. Que de piéges ce gentilhomme qui aspire à se rendre utile et dont l'essai semble révéler un maître, tend à son insu, et par le seul fait de l'exemple si rare, si excellent et si éclatant qu'il donne, à la bonne foi de ses juges, et surtout de celui sur lequel la commission se repose du soin de diriger ses travaux et d'en faire connaître les résultats! Plus ils sont dignes comme hommes et comme savants de la considération dont leurs noms sont entourés, et plus ils seront exposés à donner dans une de ces méprises qui en définitive honorent ceux qui les commettent parce qu'elles supposent la noblesse du cœur alliée à l'élévation de l'esprit, hauteur d'où il n'est pas donné à tout le monde de tomber.

Comment l'homme bienveillant, le chimiste illustre qui s'est fait une double spécialité de protéger les premiers pas des débutants dans la carrière des découvertes, et d'introduire dans le monde officiel les grandes vérités dont s'enrichit par les soins d'autrui la spécialité à l'agrandissement de laquelle il a tant concouru; comment le rapporteur de la commission du prix Montyon fût-il demeuré insensible aux séductions d'une recrue si nouvelle et qui à titre de bienvenue apportait une de ces inventions qui font époque dans l'histoire de la science? Par quelle violence faite à ses instincts les plus généreux se fût-il défendu d'un subit et profond intérêt pour ce jeune chimiste d'espèce si inusitée? et s'il s'abandonne à ce penchant, comment s'interdira-t-il de suivre, en dépit des usages peut-être, mais avec l'approbation d'un esprit non moins apte à la généralisation philosophique qu'aux recherches de détail, comment, dis-je, s'interdira-t-il de suivre jusque dans leurs dernières conséquences les découvertes de son protégé? Enfin, quand il aura parcouru ce vaste champ d'étude, comment sa plume éloquente se refusera-t-elle la joie de le faire valoir et de présenter du même coup au monde savant un homme et une découverte?

Prenez un académicien qui soit à la fois homme de cœur, grand esprit, écrivain; mettez-le dans la situation où s'est trouvé le rapporteur du prix Montyon, et vous le verrez, comme l'a fait celui-ci, passer pardessus les usages académiques.

Rappelons-nous aussi que lorsque M. de Ruolz se présenta devant la commission, la seule invention qui fût d'abord en concurrence avec les siennes était celle de la dorure au trempé; or, il n'y avait pas de parallèle à établir entre celle-ci et celles-là. Quand plus tard M. Wright exhiba le brevet relatif à la dorure galvanique, le siége de la commission était déjà fait; en outre le temps pressait; on se trompa sur les dates des brevets, sur beaucoup d'autres points de détail encore. La commission crut avoir devant elle deux hommes qui s'étaient mis à l'œuvre presque en même temps, dont l'un, M. de Ruolz, avait résolu dans toute sa généralité un problème dont l'autre, M. Elkington, n'avait embrassé qu'un détail; encore celui-ci paraissait-il avoir poussé l'étude de ce détail bien moins loin que son concurrent. Cet examen hâtif, incomplet, commandé par le temps et les circonstances, n'était pas de nature à modifier l'opinion préconçue des juges sur la valeur des découvertes attribuées à M. de Ruolz : de là le rôle que lui fait jouer le Rapport. Certes, M. de Ruolz n'est pas fondé à se prévaloir de ce document; mais personne non plus n'a le droit de s'en faire une arme contre les honorables membres de la commission.

IX

Ce Rapport provoqua naturellement la protestation de M. Elkington.

Le Rapport est du 29 novembre 1841, M. Truffaut écrit le 11 décembre suivant :

« Messieurs les Président et Membres composant l'Académie des sciences de l'Institut royal de France.

« Messieurs,

« Ce n'est que depuis deux jours que nous avons pu nous procurer le numéro du compte rendu de l'Académie dans lequel se trouve inséré le Rapport que

M. Dumas lui a présenté, le 29 novembre dernier, au nom de la commission des arts chimiques, sur les nouveaux procédés introduits dans l'art du doreur par MM. Elkington et de Ruolz.

« A la première lecture de ce rapport, nous avons remarqué plusieurs erreurs que nous soumettons à l'appréciation de l'Académie, dans la pensée où nous sommes qu'elle s'empressera de les rectifier si elle reconnaît leur matérialité.

« La commission a divisé son travail en trois chapitres.

« Dans le premier, elle a présenté des considérations générales sur le danger de la dorure au mercure, et sur les résultats obtenus par M. Elkington au moyen de la dorure par la voie humide.

« Dans le second, elle a rendu compte des procédés employés par le même auteur pour dorer les métaux à l'aide de la pile galvanique.

« Dans le troisième, elle s'est longuement étendue sur les moyens et procédés pratiqués par M. de Ruolz non-seulement pour dorer les métaux par la pile galvanique, mais encore sur l'argentage, sur le platinage, le cuivrage, le plombage, le zincage, etc., etc., des métaux tels que le fer, l'acier, le cuivre, etc., etc.

« Pour l'intelligence de nos observations, nous croyons devoir soumettre à l'Académie des remarques essentielles sur chacun de ces chapitres. »

C'est dans cette lettre que revient si souvent l'expression du regret et le reproche de n'avoir pas été consulté par la commission. On connaît les observations de M. Truffaut sur l'article du Rapport relatif à la dorure au trempé; on vient de lire celles qu'il a présentées à l'occasion du cyanure simple, de son prix, de la conservation des bains dans lesquels il entre : inutile d'y revenir. Nous ne reviendrons pas non plus sur la partie de sa lettre qui concerne l'argenture, le platinage, etc...Mais nous ne pouvons nous dispenser d'en donner la fin.

Après avoir cité le passage du Rapport où, confondant toutes les dates, on réduit à des proportions insignifiantes le laps de temps considérable qui sépare les brevets Elkington du brevet Ruolz, M. Truffaut ajoute :

« Il y a dans cette phrase plusieurs erreurs matérielles.

« Et d'abord, c'est le 29 septembre 1840 que M. Elkington a fait le dépôt des documents nécessaires à l'obtention du brevet qui lui a été délivré le 8 décembre suivant. A compter de cette dernière époque, il a été loisible à M. de Ruolz de prendre communication de la spécification de M. Elkington dans les bureaux des ministères de l'Agriculture et du Commerce. C'est ordinairement ce que font les inventeurs avant de réclamer un titre d'invention.

«..... Ainsi, entre le 29 septembre 1840 et le 19 décembre de la même année, il s'est écoulé plus de quelques jours, et nous pouvons aussi supposer que, pour travailler de son côté, M. de Ruolz a connu la demande et les procédés de M. Elkington pour y puiser des moyens de travail.

« A Dieu ne plaise, cependant, que nous ayons l'intention d'incriminer, en quelque manière que ce fût, les intentions de M. le Rapporteur. On l'a induit en erreur à dessein ou autrement; mais nous tenons à ce qu'elle soit rectifiée.

« Nous ne nous appesantirons pas sur les apologies qui sont données à M. de Ruolz; nous nous bornerons à rappeler à l'Académie que, si nous avions été mis à même de procéder à des expériences dans les diverses branches d'industrie longuement énumérées dans le Rapport susdit, nous avons la confiance que M. Elkington aurait complétement satisfait au désir de la commission, notamment en ce qui concerne : 1° la dorure du fer et de l'acier ; car, parmi les objets qui sont renfermés dans la montre vitrée qui est encore déposée dans les bureaux de l'Académie, il s'en trouve plusieurs qui ont été dorés par M. Elkington ou ses associés à Paris, soit par la voie humide ou par la pile galvanique ; 2° l'argenture des métaux ; et s'il en est temps encore, nous offrons de lui en remettre des échantillons sous les yeux, afin de les comparer avec les objets similaires produits par M. de Ruolz.

« Avant toute chose, nous désirons que l'Académie soit bien convaincue que la question d'argent n'entre pour rien dans l'objet des observations qui précèdent; mais nous réclamons pour M. Elkington, et, nous le croyons, à bon droit, l'honneur d'avoir introduit le premier en France divers procédés qui tendent à améliorer la condition des ouvriers employés dans ces divers genres d'industrie, et sous ce rapport, le résultat de ses peines et de ses soins méritait peut-être une marque d'intérêt de la part de l'Académie.

« En résumé, nous sollicitons, Messieurs, de votre bienveillance la rectification des diverses erreurs que l'on rencontre dans le Rapport qui vous a été soumis. Nous insistons d'autant plus sur ce point qu'il s'agit dans cette affaire d'un étranger qui croit avoir fait quelque chose d'utile, en introduisant en France le fruit de ses veilles et de ses méditations. »

Cette lettre n'a pas été insérée aux *Comptes rendus*, mais elle ne fut pas, elle ne pouvait pas être sans influence sur la commission. Sans doute elle n'eut pas tout l'effet que l'auteur en attendait, s'il espérait provoquer l'entière révision d'une affaire menée avec trop de précipitation pour avoir pu être sérieusement étudiée; mais si l'on considère que l'appel était porté devant les juges mêmes qui avaient rendu l'arrêt attaqué; que cet arrêt avait eu le plus grand retentissement; qu'il n'est pas admis que la dignité d'un grand corps lui permette de se déjuger entièrement; que le temps, ce tyran intraitable que nous avons vu à l'œuvre, continuait d'exercer son despotique empire : on trouvera qu'en rendant la décision qui suivit de près la lettre de M. Truffaut, la commission ne s'est pas montrée plus entichée du sentiment de son infaillibilité que les traditions académiques ne le permettent.

Le Rapport analysé ci-dessus semblait n'avoir qu'une conséquence possible, c'est que le prix pour les arts insalubres serait décerné à M. Ruolz; au lieu de l'avoir tout entier M. de Ruolz n'en eut qu'une part, et encore ne l'eut-il qu'après une année d'attente.

Quinze jours après avoir reçu la lettre de M. Truffaut, le 28 décembre 1841, la décision suivante était publiée :

« La commission des arts insalubres est d'avis, à l'unanimité, de renvoyer au concours prochain, en réservant leurs droits respectifs,

« M. le professeur de la Rive, pour l'application de la pile à la dorure des métaux;

« M. Elkington, pour ses moyens de dorure par la voie humide.

« Elle pense que les résultats obtenus par ces physiciens devront être comparés à ceux que de son côté a obtenus plus récemment M. de Ruolz. »

Conformément à cette décision, la commission proposait, le 6 juin 1842, les conclusions suivantes, adoptées par l'Académie en comité secret, et lues en séance publique le 19 décembre suivant :

« 1° Prix de 3,000 fr. à M. de la Rive, professeur de physique à Genève, pour avoir, le premier, appliqué les forces électriques à la dorure des métaux, et en particulier du bronze, du laiton et du cuivre.

« 2° Prix de 6,000 fr. à M. Elkington, pour la découverte de son procédé de dorure par voie humide, et pour la découverte de ses procédés relatifs à la dorure galvanique et à l'application de l'argent sur les métaux.

« 3° Prix de 6,000 fr. à M. de Ruolz pour la découverte et l'application industrielle d'un grand nombre de moyens propres, soit à dorer les métaux, soit à les argenter, soit à les platiner, soit enfin à déterminer la précipitation économique des métaux les uns sur les autres, par l'action de la pile.

« Relativement aux autres concurrents, la commission propose d'ajourner toute décision, faute de renseignements propres à établir une application suffisante, par l'industrie, de leurs procédés ou produits. »

X

Le dénoûment fut donc fort différent de celui que les prémisses avaient fait pressentir. M. de Ruolz descendait du rang exceptionnel que le Rapport lui avait fait; M. H. Elkington, dont les inventions avaient produit si peu d'effet sur la commission, était subitement placé au niveau de M. de Ruolz; il obtenait même sur celui-ci le petit avantage de la préséance; en outre, les travaux de M. G.-R. Elkington sur l'argenture galvanique étaient pris en considération. Ce triomphe partagé dut faire sur M. de Ruolz l'impression d'un échec. Après le Rapport, c'était en effet un demi-échec ou un demi-succès, comme on voudra. Mais le public n'y vit rien de pareil. Il n'avait pas la clef des rétractations honorables de la commission; la contradiction entre le Rapport et les conclusions adoptées par l'Académie ne le frappa même pas; il n'était pas dans le secret des réunions académiques; aucune des pièces qui avaient déterminé la commission à revenir sur ses décisions n'avait été publiée; toute l'histoire de la dorure et de l'argenture galvaniques continuait d'être pour lui dans le Rapport du 29 novembre 1841; il ne s'expliquait même pas le rôle subit que M. Elkington venait remplir dans la cérémonie des récompenses; ce nom alors presque inconnu en France et mieux qu'inconnu, car il n'avait encore été cité que pour être placé fort au-dessous de M. de Ruolz, faisait l'effet de celui d'un trouble-fête. Le public, se rangeant à l'avis exprimé naguère par M. Dumas, peut-être plus que M. Dumas ne l'eût maintenant voulu, n'eut d'applaudissements que pour M. de Ruolz. Les journaux n'emboucherent pas d'autre nom que le sien. Alexandre Dumas, dans son juvénile enthousiasme, écrivit son fameux feuilleton : *L'Alchimiste du* XIXe *siècle*, qui n'est guère plus romanesque que le rapport de son illustre et savant homonyme, et dès ce moment la popularité compta en M. de Ruolz un élu de plus. Enfin, les historiens, qui, étant hommes, aiment la besogne toute faite, se plurent à recevoir des mains des deux Dumas tous les matériaux de cette histoire. Leur siége une fois fait, il n'y a que le temps qui puisse le leur faire abandonner, et si par exemple nous ouvrons aujourd'hui, en 1861, l'*Exposition et histoire des principales découvertes scientifiques modernes*, au chapitre de la dorure et de l'argenture électro-chimiques, nous y verrons en toutes lettres que la création de ces nouvelles branches d'industrie « est due principalement aux travaux de M. de Ruolz, dont la persévérance et le talent ont écrit une page des plus brillantes dans l'histoire de l'industrie contemporaine. »

Mais pour qui connaît, comme nos lecteurs la connaissent maintenant, l'histoire de l'orfèvrerie galvanique, le récit auquel nous faisons cet emprunt est trop piquant pour que nous refusions à ceux qui ont pris la peine de nous suivre dans cette démonstration et dans cette plaidoirie, l'innocente et instructive distraction que ce récit leur procurera. On y reconnaîtra sans peine l'influence du plus fécond et du plus sympathique de nos romanciers. La version de notre confrère est d'ailleurs trop nécessaire à la justification du titre de ce chapitre pour que nous nous dispensions de la reproduire.

XI

« Le 19 novembre 1834, on donnait, au théâtre de Saint-Charles de Naples, la première représentation d'un opéra nouveau intitulé *Lara*. C'était l'œuvre d'un jeune Français qui, redoutant les lenteurs et les difficultés que rencontre à Paris la représentation des ouvrages lyriques, était venu essayer son talent sur le théâtre de Naples. La pièce fut exécutée par les premiers artistes de l'Italie, par Duprez, dont la réputation avait déjà grandi sur différentes scènes de la péninsule; par madame Persiani, qui ne s'appelait encore que la Tachinardi, ce qui n'enlevait rien à l'étendue de sa voix; par Ronconi qui, fort jeune encore, commençait néanmoins à être apprécié de ses compatriotes. L'opéra obtint le plus grand succès. Suivant l'usage italien, l'auteur fut rappelé à la chute du rideau, et Duprez présenta sur la scène le jeune compositeur.

« Ce jeune compositeur s'appelait Henri de Ruolz.

« Dès ce moment, la carrière lyrique avec toutes ses séductions et ses périls lui était ouverte : car il avait réussi à obtenir pour son début un succès éclatant auprès du peuple le plus difficile de l'Europe. Cependant, avant de rentrer en France et pour se remettre des émotions et des fatigues de son triomphe, M. de Ruolz partit pour la Sicile et passa un mois à visiter Messine, Catane, Syracuse et Palerme. Au bout de ce temps, il revint à Naples. En rentrant chez lui, il trouva sur son bureau une lettre venue de Paris et qui l'attendait depuis trois jours.

« Cette lettre lui annonçait la perte totale de sa fortune; par une de ces catastrophes trop communes aujourd'hui, M. de Ruolz, qui tenait de sa famille une fortune considérable, se trouvait désormais à peu près sans ressources.

« Si rude que fût le coup, M. de Ruolz ne se sentit pas abattu. Il venait de paraître avec éclat dans une carrière qui pouvait lui rendre avec usure ce que la fortune lui enlevait; il se hâta donc de revenir en France pour y tirer parti de son talent de compositeur.

« M. de Ruolz avait toutes les qualités nécessaires pour réussir à Paris dans la carrière qu'il embrassait; son succès de Naples avait eu en France un certain retentissement; il était jeune, il était spirituel et de manières charmantes. Outre cela, il était vicomte. Toutes les portes du faubourg Saint-Germain s'ouvrirent à deux battants devant le jeune compositeur, qui, selon le style en usage dans ces régions, pouvait faire ses preuves de 1399 et avait eu un oncle maternel tué au combat des Trente. Il commença donc à suivre dans les salons du noble faubourg cette existence agitée et brillante où il espérait retrouver un jour sa splendeur éteinte et sa fortune évanouie. D'abord, tout commença par lui sourire. Sa réputation suffisamment établie par des succès de salon, il put songer au théâtre. Il écrivit un opéra, *la Vendetta*, qui fut joué à l'Académie royale et obtint un brillant succès.

« Cependant, M. de Ruolz comprit bientôt qu'il n'était pas assez riche pour avoir d'autres succès au théâtre. Si les travaux de compositeur lui promettaient la gloire, ils ne lui assuraient pas la fortune, et malheureusement, il en était à ce point qu'avant tout il devait songer à vivre. Il se décida donc à changer de carrière.

« Aux beaux temps de sa fortune et de son éclat, M. de Ruolz, poussé par un goût naturel, s'était occupé, par intervalles, de l'étude des sciences. Malgré les tentations de la richesse, il avait eu une jeunesse studieuse. Dans les laboratoires il avait étudié la physique et la chimie. Dans les écoles il avait pris ses grades de médecin et d'avocat. Il espérait trouver dans ses connaissances scientifiques le moyen de relever l'édifice ruiné de sa fortune. Il y a de par le monde une opinion fort répandue, mais très-hasardée à notre sens, c'est qu'un savant peut s'enrichir sans peine par des travaux de chimie industrielle. C'est dans cette voie que M. de Ruolz résolut de s'engager. Un fabricant de ses amis, M. Chappée, l'établit dans sa maison et le chargea de perfectionner certains procédés de teinture. Ce fabricant avait un frère joaillier. Or le joaillier arriva un jour chez M. de Ruolz portant sous son bras un paquet d'onvrages en filigrane de cuivre. On appelle filigrane, dans le commerce de la bijouterie, ces petits objets de décoration en cuivre fabriqués à l'estampage et qui, selon la mode du jour, ornent les étagères et les cheminées de nos salons. Le joaillier demanda à M. de Ruolz s'il ne pouvait parvenir à dorer ce filigrane par un procédé nouveau, la dorure au mercure ne pouvant s'appliquer à ces sortes d'objets à cause de leurs anfractuosités et du caprice de leur dessin; l'industriel ajouta qu'il y aurait là quelque argent à gagner.

« La question avait cependant beaucoup plus d'importance que l'industriel ne l'avait pensé. Si l'on parvenait à dorer le filigrane de cuivre, on pourrait évidemment dorer le cuivre sous toutes ses formes; si l'on dorait le cuivre, on pouvait espérer de dorer aussi la plupart des autres métaux; et si l'on réussissait à obtenir ainsi à volonté un dépôt d'or à la surface de tous les objets métalliques sans recourir au procédé ordinaire de la dorure au mercure, on devait créer une branche d'industrie toute nouvelle, jusque-là sans exemple et sans analogue dans les arts. En même temps on débarrassait les ateliers de cette dangereuse et funeste pratique de la dorure au mercure. Il y avait donc là tout à la fois une découverte scientifique, une occasion de fortune et une œuvre d'humanité. Quelques années avant cette époque, tenter la solution de ce problème eût paru une témérité ; mais en présence de la découverte et des progrès de la galvanoplastie, la difficulté était évidemment très-abordable.

. . . .

« Pour un chimiste de fraîche date l'occasion était magnifique. Il ne s'agissait ici ni de grands principes à découvrir ni de combinaisons nouvelles à produire, ni d'appareils coûteux à installer. Il suffisait, en se guidant sur des principes parfaitement connus, de chercher, au milieu des composés chimiques en usage dans les laboratoires, ceux qui obéiraient le mieux à l'action décomposante de la pile, ceux qui présenteraient les conditions les plus avantageuses pour l'opération industrielle de la précipitation des métaux. C'était donc une œuvre de patience et de sagacité plutôt qu'un travail de haute portée scientifique. Seulement, il fallait se hâter, car cette question fixait en ce moment toute l'attention des industriels..... Aussi M. de Ruolz comprit-il que, sous peine d'être devancé, il devait se hâter de se mettre à l'œuvre. Il dit donc adieu à son atelier de teinture et s'empressa de chercher dans Paris quelque réduit propre à servir à ses travaux.

« Il trouva ce qu'il cherchait dans les combles d'une petite maison de la rue du Colombier : c'était une pauvre mansarde ouverte à tous les vents; mais cette mansarde avait autrefois servi de cuisine, il y avait encore une cheminée et une table, et cela pouvait, à la rigueur, passer pour un laboratoire, car les grandes découvertes de notre temps ne se sont pas toutes accomplies dans les fastueux laboratoires de nos savants en renom. Notre expérimentateur se mit alors, avec une patience et une ténacité sans exemple, à passer en revue toutes les substances de la chimie, afin de reconnaître celles qui se prêteraient le mieux aux opérations de la galvanoplastie industrielle.

« Un an s'écoula dans ces travaux exécutés sans relâche. Au bout de ce temps, le problème était résolu dans ses limites les plus étendues. Non-seulement, en effet, M. de Ruolz découvrit un grand nombre de composés chimiques propres à argenter et à dorer par la pile, mais il trouva encore les moyens d'obtenir à volonté la précipitation galvanique de presque tous les métaux les uns sur les autres. Il alla plus loin que Spencer et Jacobi; car non-seulement il put précipiter avec économie l'or sur le cuivre, l'argent, le platine, etc., mais il parvint aussi à réaliser, sur un métal donné, la précipitation de la série de tous les autres métaux. Ce dernier résultat dépassait de beaucoup les prévisions que la science permettait de concevoir à cette époque.

« Ayant ainsi atteint le but qu'il s'était proposé, M. de Ruolz n'avait plus que deux choses à faire : présenter au public et à l'Académie le résultat de ses travaux; chercher des capitaux pour exploiter son invention. Le 9 août 1841 il lut à l'Académie des sciences un mémoire dont le souvenir est resté et dans lequel il exposait les détails de sa découverte. Comme il s'agissait d'une grande question scientifique et industrielle dont l'honneur devait rejaillir tout entier sur la France, M. Dumas se chargea de faire comprendre au monde savant la valeur et les conséquences du travail de M. de Ruolz. Le 29 novembre suivant, l'illustre chimiste lut à l'Académie des Sciences un rapport étendu dans lequel il exposait les découvertes de M. de Ruolz. Le beau mémoire de M. Dumas, qui fixait avec une précision admirable l'état de la question de la dorure au double point de vue scientifique et industriel, fut un événement dans la science, et donna aux travaux de M. de Ruolz un retentissement considérable. »

De M. Elkington pas un mot. L'historien ne fait entrer M. Elkington en scène qu'au moment où M. de Ruolz s'apprête à exploiter industriellement ses procédés. C'est alors que M. Elkington, qui apparemment n'avait pas encore l'avantage d'être connu même de nom, de M. de Ruolz, lui exhibe son brevet. « Il avait résolu ce problème avec le même succès que notre compatriote, écrit gravement notre auteur, et *sans doute en même temps que lui*, car le brevet de dorure galvanique, exhibé à M. de Ruolz par les représentants de M. Elkington, portait la date du 27 septembre 1840; le premier brevet pris par M. de Ruolz *était seulement du 19 décembre de la même année.* »

Voilà comme on écrit l'histoire!

Et voilà par quel abus d'une érudition de seconde main l'opinion que M. de Ruolz est l'inventeur de l'orfévrerie galvanique acquit la force de chose jugée.

CHAPITRE III

Histoire d'une association.

I

Le témoignage le plus convainquant de l'ignorance dans laquelle le public était resté sur cette affaire nous est fourni par ce qui se passait quelques semaines après la lecture du Rapport académique, et nous allons avoir du même coup la mesure du retentissement et du succès que celui-ci avait eus.

Sur la foi de ce document, et ne sachant de l'histoire de la dorure et de l'argenture que ce que ce document en rapportait (puisque la lettre de M. Truffaut n'avait pas été insérée aux *Comptes rendus*) ; ne pouvant par conséquent prévoir combien la décision de l'Académie mieux informée s'écarterait de l'esprit du Rapport ; n'ayant enfin aucun motif de mettre en doute les droits si solennellement proclamés de M. de Ruolz : le chef d'une très-grande maison de bijouterie et joaillerie de Paris se mettait, dès les premiers jours de 1842, en rapport avec M. de Ruolz, et bientôt s'associait à lui pour exploiter les procédés de ce dernier.

Un nouveau personnage entre donc dans notre récit; l'honneur lui était réservé de fonder en France l'orfévrerie galvanique et de l'élever au rang où nous la voyons aujourd'hui. C'est de lui que, trois années à peine écoulées après l'époque où nous reprenons notre narration, époque où la première pierre de la nouvelle industrie est encore à poser, M. Dumas, parlant comme rapporteur du jury de 1844, dira : « L'argenture voltaïque constitue donc une branche de l'industrie nouvelle qui, exploitée déjà sur une grande échelle, prendra, on peut le prédire, un rang très-élevé dans la consommation, à mesure qu'elle sera mieux connue. Le jury central a été frappé des excellentes dispositions prises par M. Christofle pour assurer à sa nouvelle et délicate industrie la production régulière et loyale qui garantit la confiance et la faveur des consommateurs éclairés. La comptabilité est tenue de telle manière que le poids de l'or et de l'argent est garanti par M. Christofle, et que le mode de vente qu'il a adopté repose sur cette base. »

L'écrivain de notre temps le plus compétent dans les questions qui se rattachent à l'emploi artistique des métaux précieux, M. le duc de Luynes, nous fournira les traits qui vont faire connaître l'homme appelé à fonder l'orfévrerie voltaïque.

Elève de Sainte-Barbe, M. Charles Christofle, cédant à une vocation industrielle prononcée, entra, au sortir du collége, chez un des principaux bijoutiers de cette époque, chez son oncle, M. Calmette, où il demeura pendant trois ans comme apprenti, pendant un an en qualité d'ouvrier. Devenu, à l'expiration de ce stage, en 1825, l'associé de son ancien patron, il imprima une telle activité à la fabrication que lorsque, six ans plus tard, en 1831, il succéda à M. Calmette, il se trouva, n'étant encore âgé que de 24 ans, à la tête de la plus grande manufacture de bijouterie de son temps. M. Calmette avait fait de 100 à 150,000 francs d'affaires; M. Christofle atteignit rapidement le chiffre de 2,000,000. Persévérant dans la direction qu'il avait imprimée à la maison, longtemps avant d'en prendre la direction absolue, il s'adonna particulièrement aux travaux destinés à l'exportation. « Il faisait, dit M. de Luynes, des filigranes d'or et d'argent, des tissus métalliques dont on pouvait faire usage pour recouvrir les boutons, ou pour les garnitures de nécessaires, les ornements d'église et les tentures de palais ; ce double travail avait amené, disait le jury de 1839, la solution du problème que s'étaient posé MM. Guibert et Marie-Saint-Germain pour la fabrication des épaulettes métalliques, bien supérieure à celle de la passementerie..... Le jury lui décerna la médaille d'or. »

Tel est l'industriel qui, par une journée du mois de janvier 1842, s'acheminait vers la demeure de M. de Ruolz, ou plutôt vers celle de M. Chappée, dont on a déjà rencontré le nom dans le pittoresque récit qui termine le précédent chapitre. Quelques jours, en effet, après avoir présenté à l'Académie des sciences son *Mémoire sur les arts insalubres*, le 24 août 1848,

M. de Ruolz avait cédé à M. Chappée, par acte notarié, tous ses droits sur l'invention qu'il croyait avoir faite, et c'est chez ce dernier qu'étaient exposés les produits destinés à édifier sur le mérite des nouveaux procédés les industriels qui voudraient traiter de leur acquisition.

L'électro-chimie paraît avoir exercé de tout temps une puissante attraction sur M. Christofle; il avait contribué pour une part importante aux dépenses de l'usine fondée pour expérimenter en grand le traitement des minérais d'argent, de plomb et de cuivre par la méthode de M. Becquerel. Des pourparlers suivirent immédiatement sa première visite chez M. Chappée, et par acte en date du 15 février 1842, ce dernier lui transporta les droits qu'il tenait de M. de Ruolz.

Cette cession eut lieu au prix éventuel de la moitié des bénéfices de l'exploitation, moitié sur laquelle M. Chappée abandonnait 50 p. 0[0 à M. de Ruolz, ce qui portait au quart des bénéfices totaux de l'entreprise la part *ostensiblement* réservée à ce dernier.

Intervenant à l'acte de cession, M. de Ruolz promettait ses conseils et son assistance, garantissait la propriété et l'efficacité de ses brevets et s'engageait à les faire valoir, au besoin, contre tous contradicteurs. En outre, par un traité en date du 12 mars il fut attaché à l'usine nouvelle en qualité de chimiste. Par ce traité il s'engageait à diriger les travaux du laboratoire, à rechercher activement les perfectionnements et les simplifications qui pourraient être apportés à ses procédés, à tenir les livres de fabrique nécessaires pour le contrôle de la comptabilité des matières qui seraient mises à sa disposition. Il pourra dépenser annuellement en essais et en expériences une somme de 1,200 francs. Enfin MM. Charles Christofle et Cie lui payeront des appointements annuels de 4,000 francs.

C'est sur ces bases que le premier établissement d'orfévrerie électro-chimique se constitua.

II

Après avoir eu la chance si rarement accordée aux inventeurs d'obtenir sans combat et rien qu'en se montrant les suffrages du premier de nos corps savants et ceux de la multitude, voici donc que M. de Ruolz a le bonheur plus rare encore, ce premier succès à peine remporté, de voir la terre promise de la pratique industrielle s'ouvrir devant lui. C'est maintenant qu'il va démontrer la supériorité de ce cyano-ferrure (qu'il a fait breveter au moment où M. Wright déclarait se servir du cyanure simple), sur ce cyanure simple dans lequel il avait mis lui-même sa confiance. C'est maintenant qu'il va démontrer, « au grand étonnement des chimistes, » que le sulfure d'or dissous dans le sulfure de potassium neutre est de tous les bains employés au traitement du bronze et du laiton, celui qui donne « la dorure la plus belle et la plus pure de ton. »

Conformément aux conventions stipulées plus haut, M. de Ruolz a tenu du 20 février 1842 (l'acte d'association est du 15 ; on voit que la société n'a pas tardé à entrer en fonctions) jusqu'au 30 juin suivant (car la première société n'a pas duré davantage et même elle a vécu beaucoup moins longtemps); il a tenu, dis-je, un *registre des opérations de dorure, argenture et platinage*, registre écrit de sa main et qui a été publié; nous l'avons sous les yeux. Or, pendant tout ce temps, M. de Ruolz ne s'est pas servi une seule fois de ce sulfure d'or dissous dans le sulfure de potassium « qui réussit à merveille; » et il a employé le cyanure simple 11 fois pour la dorure (les 13, 20, 27, 30 avril, 5, 6, 7, 14, 20, 27 mai et 2 juin); 2 fois pour l'argenture (6 et 30 mai) : en tout, treize fois ; nombre fatal à ses prétentions d'inventeur.

Du reste, nous le voyons aller et venir d'un prussiate à l'autre, ne sachant auquel se vouer ; expérimentant à l'heure où il faudrait produire, transporportant dans l'atelier les traditions du laboratoire. Bien loin que ce registre réponde à l'idée d'un chimiste et d'un industriel qui « a éprouvé une telle variété de dissolutions d'or, qu'il lui a été facile de trouver les moins chères et les plus convenables, » l'impression qu'on en reçoit est qu'il a été tenu par un homme qui, mis en demeure de faire preuve de plus d'expérience qu'il n'en avait, cherchait fiévreusement sa voie, et essayait de compléter rapidement son instruction. Il ne sait pas conserver ses bains au degré de saturation nécessaire; il lui faut sans cesse les refaire, et la dépense se renouvelle constamment. Un bain de dorure a été préparé le 20 février, il est usé le 8 avril; on le retraite, il est usé de nouveau le 15 avril. Un bain fait le 9 mars est épuisé le 9 avril. Un bain préparé le 5 avril est retraité deux jours après. De même pour l'argenture : 6 avril, retraité les bains du 24 février et du 13 mars; 9 avril, continuation du traitement des bains des 24 février et 13 mars, etc.., etc...

Ce registre ne semble que trop justifier ce que M. Christofle a écrit sur cette période de l'histoire de son établissement : « L'inhabileté avec laquelle les procédés sont employés, soit par M. de Ruolz, soit par les personnes chargées par lui de leur application, nous a fait jusqu'alors dépenser des sommes assez importantes non-seulement sans résultat utile, mais encore en nous donnant des pertes très-considérables. » « Le livre de laboratoire qu'il a tenu, dit-il ailleurs, est témoin que notre industrie ne lui doit absolument rien. » Ce livre explique l'insuffisance des résultats auxquels M. Jacobi est parvenu quand, le rapport de M. Dumas sous les yeux, il a essayé de dorer d'après les procédés de M. de Ruolz. « J'ai remarqué, dit-il dans un *rapport fait à l'Académie des sciences de Saint-Pétersbourg sur la dorure galvanique*, que tous les objets que j'avais dorés moi-même ou que j'avais reçus de quelques amateurs qui s'occupent avec zèle de ce sujet, *ou ceux que le commissionnaire de M. de Ruolz avait introduits ici* afin de chercher à y importer son procédé; que tous ces objets, dis-je, étaient de beaucoup inférieurs à ceux que M. Briant a mis sous les yeux de l'Académie. »

D'ailleurs, et c'est le moment d'en faire la remarque, il ne paraît pas que M. de Ruolz ait jamais bien connu les véritables principes chimiques de la dorure, car voici ce qu'on lit dans le mémoire adressé par lui en 1850 au tribunal de première instance :

« Mais, au reste, je professe hautement, et contrairement à certains chimistes, l'opinion que l'on peut dorer dans des bains acides. J'ai pour moi des expériences positives dont j'ai entretenu l'Académie des sciences et que je fais depuis plus de trois ans devant qui veut les voir. Mon bain est acide, puisque tout le monde appelle acides les substances qui rougissent la teinture de tournesol bleu, et que précisément cette teinture rougit mon bain; et cependant je dore avec un entier succès. La présence d'un excès d'acide prussique suffit pour produire ce résultat. »

Or M. de Ruolz a parfaitement annoncé en 1847, à l'Académie, que lorsqu'on ajoute de l'acide cyanhydrique à une solution de perchlorure d'or, on forme un bain qui donne une dorure industriellement belle;

Mais voici ce qu'il oublie d'ajouter :

C'est que M. Barral, contre lequel il élevait cet argument, lui a répondu et a démontré expérimentalement que, par l'addition d'acide cyanhydrique à la solution de perchlorure, il se formait de l'ammoniaque, et que M. de Ruolz a tout simplement tiré sa dorure « industriellement belle » d'une solution de sel double ammoniacal; ce qui est conforme aux principes.

Mais pendant que M. de Ruolz continuait dans le laboratoire de l'usine Christofle son cours de perfectionnement et d'application, un orage s'amassait sur la nouvelle société. Trois jours après que fut signé l'acte qui la constituait, deux jours avant que M. de Ruolz étrennât son registre d'opérations, un manufacturier de Paris, M. Trelon, avait reçu de M. R. Elkington une lettre dont le destinataire connut seul alors le contenu, mais qui, ayant été publiée depuis, n'a plus de secret pour nous. M. R. Elkington disait :

« Je serais le dernier à nuire à M. de Ruolz injustement; mais s'il est dans son tort, soit volontairement, soit par ignorance, il ne faut pas qu'il compte établir son droit par la respectabilité ou le crédit des personnes qu'il a persuadées qu'il est l'inventeur, car je suis tout à fait disposé à dépenser autant d'argent que l'affaire en exigera pour défendre mes propres droits, soit contre lui, soit contre ses amis. »

M. R. Elkington n'entendait donc pas s'en tenir à la bénigne protestation adressée en son nom, deux mois auparavant, à l'Académie. Mais à part ses correspondants, qui pouvait connaître ses intentions? Personne à l'usine Christofle n'était dans sa confidence; quelques-uns même, et ce n'étaient pas les moins intéressés, à savoir MM. Christofle et Cie, savaient à peine l'existence de l'honorable industriel anglais. Le moment approchait où ils allaient faire sa connaissance.

Ce fut, comme le dit l'historien des *principales découvertes modernes*, « un véritable coup de théâtre; » pour M. Christofle du moins qui dut éprouver toutes les émotions de la surprise; quant à M. de Ruolz, cet effet scénique ne pouvait pas avoir pour lui l'intérêt de l'imprévu, non qu'il pût regarder comme motivée l'entrée en scène de M. R. Elkington, mais parce qu'après la lettre de M. Truffaut il devait être dans l'appréhension continuelle de cette inévitable péripétie. Mais à quoi pensé-je? J'oublie que M. de Ruolz n'a pas eu connaissance de la lettre de M. Truffaut! Supprimons donc ce que nous venons de dire et ne cherchons pas à deviner ce qui se passa en M. de Ruolz quand il vit M. R. Elkington, qu'il avait apparemment classé jusque-là parmi ses admirateurs, se poser vis-à-vis de lui en réclamant.

On marchait donc ou du moins on s'essayait à marcher depuis six semaines, quand tout à coup un représentant de M. R. Elkington se présente à M. Christofle et lui prouve que depuis un mois et demi il fait de la contrefaçon... sans le savoir.

Examen fait des pièces, M. Christofle se range à l'avis du visiteur; il prouve sa loyauté en se reconnaissant en faute.

La pensée d'ergoter sur le prussiate simple et sur les prussiates ferrugineux ou sur leurs équivalents chimiques ne lui vient pas ; le sens des brevets lui apparaît clairement, par conséquent il s'incline. D'ailleurs lors même que le privilége de l'inventeur anglais ne s'appliquerait qu'au cyanure simple, eh bien! que le chef de la maison Christofle et Ce compulse le *Registre des opérations* du chimiste de son établissement : Dorure : 13 avril, cyanure de potassium ; 20 avril, cyanure de potassium! 27 avril, cyanure de potassium!.....

Reconnaître cette situation et prendre la résolution irrévocable d'y mettre un terme immédiat dut être et fut l'affaire du même instant.

« Si j'étais juge, je donnerais raison à M. Elkington! » Un ami de M. de Ruolz raconte avoir entendu M. Charles Christofle prononcer cet arrêt contre lui-même, à son honneur (1).

« C'est, a écrit ce dernier, pour faire cesser une pareille situation que nous ne pouvions endurer dans des ateliers où la loyauté avait toujours été en honneur que nous avons résolu de nous associer avec MM. Elkington. »

M. de Ruolz résista, nous sommes heureux de le constater ; sa résistance montre combien il avait confiance dans son bon droit. Malheureusement il céda. M. Christofle signifie son intention de renoncer à l'affaire si on ne fait droit aux réclamations de M. Elkington ; et M. de Ruolz cède.

Par acte en date du 13 mai 1842, une part de 25

(1) Lettre de M. Mathieu à M. Christofle en date du 1er mai 1842. *Histoire de la dorure et de l'argenture électro-chimiques*, p. 145.

pour cent dans les bénéfices nets de l'usine est accordée à MM. Elkington.

MM. Ch. Christofle et Elkington s'accordent réciproquement l'usage de leurs brevets. L'intérêt de cette clause résidait pour ces derniers dans les brevets de M. de Ruolz relatifs au cuivrage, au plombage, à l'étamage, au platinage, au nickelage, zincage, etc... les négociants anglais n'avaient fait breveter que l'application de l'or et de l'argent.

M. H. Elkington accorde l'autorisation de se servir de ses procédés de dorure au trempé, mais un procès relatif à ces procédés étant pendant lors de la signature de cet acte, il est entendu que les conventions stipulées resteront obligatoires alors même que M. Elkington succomberait dans ce procès.

Ainsi, c'est bien en paiement du droit de se servir de ses procédés galvaniques qu'une redevance de 25 pour cent est payée à MM. Elkington par l'usine fondée pour l'exploitation des procédés de M. de Ruolz, « fort différents de ceux de l'industriel anglais » et très-supérieurs aux siens.

Et cela de l'aveu de M. de Ruolz !

Quelle suite à la lettre de M. Truffaut ! Quelle réponse au rapport à l'Académie !

Ce n'est que le mois suivant que la commission de l'Académie des sciences proposa à cette compagnie, en comité secret, les conclusions qui, lues au mois de décembre de la même année, placèrent sur le même rang que M. de Ruolz, c'est-à-dire dans les premiers rôles, M. Elkington, qui dans le rapport n'avait rempli que l'emploi de figurant. Si, comme on peut le présumer, la révolution opérée dans l'usine électro-chimique transpira au dehors, il est à croire que la nouvelle de ce « coup de théâtre », comme dit l'historien des *Découvertes modernes*, ne fut pas sans influence sur les résolutions de l'Académie.

Voici, pour compléter la citation empruntée à cet écrivain, de quelle ingénieuse manière il raconte ce dramatique évènement :

« Il était évident (dit-il en continuant son récit juste au point où nous l'avons interrompu) qu'un procès allait s'engager, et que les capitaux des actionnaires français étaient menacés de disparaître avec ceux de l'entrepreneur anglais; au milieu de tout cela, quelque frelon de l'industrie se serait jeté sur l'invention tombée à terre pendant la lutte. Il ne faut jamais désespérer des gens d'esprit. MM. Elkington et de Ruolz comprirent vite le péril; au lieu de se quereller, ils se tendirent la main et se décidèrent à exploiter en France leur invention en commun.

« C'est pour cela que quand on passait, il y a peu d'années, sur le boulevard de l'Ambigu, on voyait, à gauche du théâtre, s'étaler sur une belle grille cette inscription : *Maison Elkington et de Ruolz*, qui témoignait de la prudence et du bon esprit des associés.

« C'est encore pour cela qu'au mois de juin 1842, le prix de 12,000 francs, fondé par Montyon pour l'assainissement des arts insalubres, fut partagé entre MM. Elkington et de Ruolz. »

Cette citation eût été à sa place dans le chapitre intitulé : « Comment on écrit l'histoire », mais faute de connaître les faits, le lecteur n'en eût pas alors apprécié tout le mérite.

III

Par l'acte qui le faisait entrer en partage avec la maison Christofle, M. Elkington, auquel l'Académie eût naguère donné le conseil de prendre des leçons de M. de Ruolz, s'engageait à faire connaître à ce chimiste, ou du moins à la Société dont il faisait partie, quelques procédés économiques et pratiques dont celle-ci avait grand besoin. Il lui apprit à maintenir ses bains à un degré de saturation uniforme, il lui enseigna à déposer 3 kilogrammes d'argent, au prix d'une dépense de 120 francs. La même opération, faite par les procédés Ruolz (ces procédés moins chers et plus convenables que les autres), revenait à 900 fr.! Grâce à ce supplément d'instruction, l'usine Chris ofle put se flatter d'avoir achevé ses classes. M. de Ruolz fit en outre, au commencement de l'année suivante, un voyage à Birmingham, où il acheva de se mettre au courant dans les ateliers de M. Elkington. Chimiquement on allait donc, mais c'est tout. Laissons parler M. Christofle :

« Depuis cette époque, écrit-il (c'est-à-dire depuis l'entrée de M. Elkington dans l'affaire), l'établissement se traîne difficilement, au milieu de tous les embarras qui arrêtent son développement, embarras résultant et du peu de concours prêté à l'entreprise par M. de Ruolz . . . . et des difficultés sans cesse suscitées par MM. Chappée et de Ruolz, au sujet desquelles une sentence arbitrale est rendue à la date du 13 mai 1845, et de la contrefaçon surgissant de toutes parts, qu'il faut poursuivre et réprimer, et enfin, du peu d'accord existant entre les nombreux intéressés dans l'affaire, sur la marche commerciale à imprimer à la fabrication et à la vente des produits : les uns veulent qu'on se livre à une fabrication à tout titre et à tout prix, pensant que c'est le seul moyen de tirer un parti prompt et avantageux de l'invention ; M. Christofle seul pense, au contraire, que l'unique moyen d'assurer l'avenir est de ne pas le compromettre au début par la vente de mauvais produits, ce qui avait déjà lieu. On lui résiste. En présence de toutes ces causes de ruine ; M. Christofle, voyant l'affaire et sa fortune compromises, conçoit le projet de réunir tous les intérêts dans une même main, et la direction sous une seule et unique volonté. »

On finit par s'accorder. MM. Elkington et Compagnie demandent et reçoivent pour prix de la cession de tous leurs droits la somme de 500,000 francs. MM. de Ruolz et Chappée font abandon des leurs moyennant une somme de 150,000 fr., et M. Charles

Christofle reste seul à la tête de l'usine qu'il avait fondée et qu'il dirige encore aujourd'hui.

L'acte de cession de MM. de Ruolz et Chappée est du 23 juin 1845. L'association avait duré quatre ans et quatre mois.

Par l'article troisième de cet acte :

« M. de Ruolz s'interdit expressément et sous peine de tous dépens, dommages et intérêts, de s'occuper en France et dans les États de la Grande-Bretagne, soit directement ou indirectement, de l'exploitation des procédés brevetés, ou de tous autres procédés analogues au dépôt des métaux les uns sur les autres, avant l'expiration du dernier brevet de M. Elkington à ce sujet; mais il se réserve la faculté d'en faire usage dans tous autres pays. »

M. Christofle a publié l'état suivant des sommes payées par lui à M. de Ruolz :

M. de Ruolz a reçu	75,000	»
M. Chappée	75,000	»
En outre, M. Chappée a touché. . . .	10,000	»
Et M. de Ruolz a reçu :		
Pour l'année 1842.	7,425	55
Pour l'année 1843.	3,502	85
Pour l'année 1844.	3,838	50
Et en 1845 il s'est fait remplacer comme chimiste par M. Mabrun, qui a touché, du 1er mai 1845 au 30 juin 1847, 8,666 fr., dont la moitié a été versée par lui à M. de Ruolz . . . . ci.	4,333	»
Total	179,099	90

CHAPITRE IV

Cinq ans après.

Cinq années après les événements qu'on vient de raconter, le nom de M. de Ruolz est mêlé de nouveau à l'histoire de la première manufacture d'orfévrerie électro-chimique.

Mais avant d'aller plus loin il ne sera pas inutile de mesurer les progrès accomplis par celle-ci depuis sa fondation jusqu'à l'époque où nous allons nous arrêter.

Pendant plusieurs années, M. Christofle associa à son ancienne profession de bijoutier et de joaillier sa nouvelle profession d'orfévre, et mena de front l'industrie née sous sa direction et l'industrie amenée par lui à son apogée.

Ainsi, en 1844, nous le voyons exposer aux titres suivants énumérés par l'un des rapporteurs du jury, M. Dumas:

« 1° Comme bijoutier, ayant déjà obtenu en 1839 une médaille d'or;

« 2° Comme doreur au trempé, exploitant le brevet

pris par M. Elkington, et livrant au commerce cette dorure légère, qui, appliquée sur le bronze, le laiton et le cuivre, a pris une extension si considérable depuis quelques années;

« 3° Comme doreur par voie humide, au moyen de la pile, exploitant les brevets pris par MM. Elkington et de Ruolz, et fournissant au commerce des produits destinés à rivaliser avec la dorure au mercure;

« 4° Comme argenteur par voie humide, exploitant les brevets de MM. Elkington et de Ruolz, et produisant des objets divers de décoration ou d'usage en bronze, maillechort ou fer argenté, dont la fabrication constitue une nouvelle industrie (1). »

Ses travaux d'orfévrerie réunis à ses travaux de bijouterie lui méritèrent une nouvelle médaille d'or, « que le jury lui décerne, disait M. Héricart de Thury, ne pouvant lui en décerner une pour chaque genre d'industrie (2). »

Comme bijoutier et joaillier M. Christofle employait à cette époque 76 ouvriers à l'intérieur et 50 au dehors; son établissement se composait de sept feux, trois forges, deux laminoirs, quatre grandes lampes à souder et soixante petites. Le chiffre de ses affaires était de plus de 1,500,000 francs pour l'exportation et de 500,000 francs pour l'intérieur.

(1) *Exposition des produits de l'industrie française en 1844. Rapport du jury central*, t. I, p. 669. Section III. Applications de l'électricité, M. Dumas rapporteur.

(2) *Loc. cit.*, t. III. Section IV. M. le vicomte Héricart de Thury, rapporteur, p. 164.

Il exposait en fait de bijouterie : une guirlande en or de couleur, des parures de différents genres, des bracelets en filigrane et en or ciselé, un grand nombre de boucles d'oreilles, des fleurs pour les coiffures avec des ornements en pierres de couleur, papillons et oiseaux; c'était la représentation exacte des travaux habituels de ses ateliers. En fait de joaillerie : une parure complète tout en brillants, des colliers de diamants, des broches, des pendants d'oreilles, des bouquets de diamants, diverses parures de tête en brillants et pierres fines de couleur. Tous ces objets destinés à l'exportation étaient montés de manière à produire, suivant l'injonction des commandes, beaucoup d'effet pour peu d'argent. « Il avait expédié à Madagascar, dit M. de Luynes(1), six grandes couronnes d'or; à Valparaiso une commande considérable; au Mexique, à Buenos-Ayres, au Pérou et pour la république de Venezuela, plusieurs épées d'honneur, que l'on y décerne facilement. » Le rapporteur notait que ces bijoux étaient « tous fabriqués dans les conditions rigoureuses du titre voulu par la loi, et avec une scrupuleuse exactitude dans l'énoncé du poids des pierres fines contenues dans les montures. »

Nous emprunterons encore à M. le vicomte Héricart de Thury le passage suivant de son rapport, parce qu'il achèvera de faire connaître l'honorable manufacturier, dont la suite de notre récit nous conduit à raconter les travaux :

(1) Rapport sur l'Exposition de 1851, t. IV, p. 155.

« M. Christofle a déclaré au jury : 1° que depuis 1840, pour s'acquitter envers M. Léon Rouvenat, son neveu, en raison du zèle et de l'activité déployés par lui, il l'avait associé à sa maison; et 2° qu'il signalait comme ayant particulièrement contribué à la marche prospère de son établissement, M. Castellian, son chef d'atelier, qui est avec lui depuis qu'il est établi; bon dessinateur, homme actif, intelligent et dévoué, M. Castellian, dit M. Christofle, est un de ces hommes rares dans les grands établissements. »

Nous verrons plus tard que le fondateur de la première usine électro-chimique en France ne s'est pas départi de ces sentiments de scrupuleuse équité et de ces principes de justice distributive, qui faisaient la règle de sa conduite dès le début de sa carrière industrielle.

Son exposition d'orfévrerie doit nous occuper plus que la précédente, parce qu'elle nous permettra d'apprécier les progrès que l'industrie nouvelle avait réalisés après trois années d'existence.

Le rapporteur, M. Dumas, déclare que «l'appareil de dorure adopté par M. Christofle a paru au jury vraiment manufacturier, d'un emploi facile, simple dans ses dispositions et régulier dans sa marche. A mesure, écrit-il, que l'or est soustrait au liquide par les pièces qui s'en recouvrent, un artifice très-simple le lui restitue, en grande partie du moins. »

On faisait à ce procédé de dorure diverses objections : on disait que l'or n'adhérait pas aux pièces;

qu'il noircissait avec le temps; qu'il n'était pas possible de se rendre compte du poids du métal précieux déposé sur une pièce donnée; que la couche d'or était inégalement répartie sur la pièce; que le procédé n'était pas plus salubre que l'ancien et qu'il n'était pas plus économique.

Le rapporteur montre le néant de toutes ces objections : l'or adhère jusqu'à la dernière pellicule; il s'use peu à peu sans se détacher par lamelles; — divers objets dorés depuis deux ans, abandonnés sur des planches à l'air et à la poussière, ont repris tout leur éclat par un simple lessivage ; — pour se rendre compte du poids de l'or déposé, il suffit de déposer la pièce avant et après l'opération sur une balance d'une sensibilité suffisante; « c'est ce que pratique M. Christofle ; » — l'inégale répartition de l'or, inévitable dans tous les procédés de dorure, est plus facile à corriger dans le procédé galvanique, qui se prête si bien à l'emploi des réserves, que dans tout autre procédé ; — la salubrité de l'opération galvanique est évidente pour quiconque a essayé d'en étudier la pratique; — il en est de même de son économie relative : « Chez M. Christofle trois ouvriers et un commis suffisent pour déposer 2,500 grammes d'or ou d'argent, tandis que quatre hommes par l'ancien procédé ne déposeraient que 128 grammes. »

Ces objections réfutées, M. Dumas aborde la question de l'argenture.

« L'application de l'argent sur le cuivre, le laiton,

le bronze, le packfong, le fer, etc., constitue véritablement, écrit-il, une industrie nouvelle, qui répond à certains besoins auxquels ne satisfont ni le plaqué, ni les procédés imparfaits d'argenture mis autrefois en usage.

« Les couverts de maillechort ou packfong argenté que M. Christofle livre au commerce en quantité considérable, 400 par jour, et qui contiennent 60 grammes d'argent par douzaine, contribueront à répandre l'usage d'une vaisselle propre, agréable et salubre chez les consommateurs nombreux qui ne pourraient pas aborder l'argenterie proprement dite. Douze couverts de packfong argenté, pris au hasard chez M. Christofle et à son insu, ont été employés dans un ménage où on s'en servait tous les jours, pendant plus d'une année, sans qu'on ait pu y découvrir le moindre inconvénient. M. le ministre du commerce a voulu lui-même qu'un essai en fût fait dans une des écoles qui relèvent de son ministère. Le résultat obtenu peut s'apprécier à la simple vue du couvert revenu de l'école de Châlons et mis sous les yeux du jury par les soins de M. le ministre du commerce. Cette épreuve, répétée dans un grand nombre d'institutions, a obtenu partout le même succès.

« L'argenture, appliquée sur les bronzes d'art, peut rivaliser de solidité, maintenant, avec la dorure. Ses défauts tiennent tous à la nature même de l'argent, métal exposé, comme on sait, à brunir sous l'influence des émanations d'hydrogène sulfuré. Mais cela n'a rien qui soit spécial à l'argenture galvanique.

« Le nouveau procédé s'applique d'une manière très-favorable à la restauration du vieux plaqué. Il a obtenu beaucoup de succès à cet égard. Il est évident que rien n'empêche de l'appliquer aussi souvent qu'on le juge nécessaire à la restauration générale ou partielle des pièces qui ont déjà été soumises elles-mêmes à l'argenture voltaïque et où l'on se propose de réparer les points altérés par l'usage.

« L'argenture voltaïque constitue donc une branche d'industrie nouvelle qui, exploitée déjà sur une grande échelle, prendra, on peut le prédire, un rang très-élevé dans la consommation à mesure qu'elle sera mieux connue.

« Le jury central a été frappé des excellentes dispositions prises par M. Christofle pour assurer à sa nouvelle et délicate industrie la production régulière et loyale qui garantit la confiance et la faveur des consommateurs éclairés. La comptabilité est tenue de telle manière que le poids de l'or ou de l'argent est garanti par M. Christofle et que le mode de vente qu'il a adopté repose sur cette base.

« Il a vu avec intérêt, chez cet habile industriel, la réunion des trois procédés qui se complètent mutuellement, la dorure au trempé, la dorure galvanique et l'argenture galvanique, et qui tous les trois sont exploités sur une grande échelle.

« Il décerne à M. Christofle une nouvelle médaille d'or. »

II

Telle était la situation de l'usine Christofle dans l'année qui précéda l'acte de cession de M. de Ruolz, daté, comme on l'a vu, du 23 juin 1845. Le chef de l'usine mit à profit la liberté que cette cession lui rendait; il délégua à son neveu, M. Rouvenat, la direction de l'établissement de joaillerie et de bijouterie, dans lequel il avait lui-même succédé à son oncle, M. Calmette, et s'adonna exclusivement à la fabrication de l'orfévrerie électro-chimique. En 1849, les deux maisons longtemps unies, maintenant séparées, obtinrent chacune une nouvelle médaille d'or.

M. Christofle avait présenté à cette exposition (je laisse parler M. le duc de Luynes), « une immense collection d'objets dorés et argentés heureusement conçus et parfaitement exécutés. Deux grandes bouilloires d'un dessin correct avec de gracieux ornements, des surtouts d'une grande richesse, des services de table complets d'après d'excellents modèles, des lustres, des candélabres, de la vaisselle plate, tout ce qui formait le domaine de l'orfévrerie se présentait à cette exposition, mis à la portée des fortunes ordinaires; les prix en étaient établis sur un tarif d'où il résulte que l'on pouvait obtenir, en orfèvrerie argentée par la pile, de très-beaux services de table pour le sixième du prix qu'ils auraient coûté en argent. »

« M. Christofle a dans ses ateliers, disait encore M. de Luynes, une réunion complète de tous les appareils nécessaires pour faire de l'orfèvrerie en laiton. Ses machines, mues par la vapeur, se composent spécialement du tour pour fabriquer les plats ronds ou elliptiques et les vases retreints; de laminoirs pour estamper les couverts, de gratte-boësses pour préparer l'argenterie à être brunie. Il a une fonderie pour les garnitures riches et sculptées; un appareil à fabriquer le gaz hydrogène carboné pur par la décomposition de la vapeur d'eau sur le charbon incandescent; le gaz, entouré d'un réseau de platine, donne une vive clarté : il alimente les fourneaux à souder à l'argent et au cuivre, et le laboratoire de chimie. 300 ouvriers travaillent pour lui dans ses ateliers et autant au dehors. »

Les lignes suivantes, du même auteur, montrent l'immense extension qu'avait prise, dès cette époque, l'industrie électro-chimique : « On dore et on argente également par la pile, non-seulement les bronzes d'art et de décoration, mais encore des ouvrages de basse sculpture, fondus en zinc et n'ayant aucune valeur intrinsèque...... Dans une période de dix années, la dorure électro-chimique a complétement anéanti la dorure au mercure, et les bronziers les plus célèbres ont été obligés de céder à l'impulsion générale et à la concurrence; tous les bronzes sont maintenant argentés ou dorés par la voie humide; le vermeil même ne conservera pas longtemps, sans doute, le concours des doreurs au mercure, qui deviennent de jour en jour plus rares et plus inhabiles dans leur profession.»

M. de Luynes nous montre ensuite M. Christofle affligé et de la contrefaçon qui menaçait de discréditer son industrie et de l'infidélité de ceux auxquels il avait cédé l'autorisation d'exploiter son brevet, essayant de sauver l'honneur de l'orfévrerie galvanique en appliquant sur tous ses produits, avec sa marque de fabrique, un poinçon portant en chiffres la quantité de grammes d'argent déposée par objet ou par douzaines de couverts. La contrefaçon était en effet l'écueil unique, mais redoutable de l'industrie nouvelle. Pour donner une idée de son activité il nous suffira de dire que de 1842 à 1850 M. Christofle n'avait pas dû opérer moins de 275 saisies (1).

III

Les choses en étaient donc là, M. Christofle venait de remporter un nouveau succès à l'exposition de 1849, et il se préparait à paraître avec honneur à l'exposition universelle de Londres, quand, en 1850,

(1) On en opéra en outre douze dans les six premiers mois de 1851. Nos renseignements s'arrêtent à cette date.

cinq ans après l'acte de cession qui termine le précédent chapitre, M. de Ruolz reparaît : non qu'il ait repris dans l'usine électro-chimique son ancienne position : ce n'est pas dans la ruche, c'est parmi ceux dont elle s'apprête à soutenir le choc que nous le retrouvons.

Un procès va s'ouvrir au commencement de l'année 1851 ; ce procès, qui ne se termina que le 15 mars 1853 par l'arrêt mémorable de la Cour de cassation qui réduisit à néant les prétentions de M. de Ruolz. L'expiration prochaine de ses brevets qui, pris pour dix ans, atteindront leur terme au 19 décembre 1850, est l'occasion de cette lutte. Tant de bruit s'est fait autour des prétendues découvertes de M. de Ruolz, qu'on ne peut douter que ses brevets en expirant n'enrichissent grandement le domaine public. C'est ce qu'aimaient à se persuader certains fabricants qui déjà se voyaient en concurrence légale avec l'usine de la rue de Bondy à l'égard de laquelle la concurrence clandestine ne leur avait pas réussi. M. Christofle appréciait d'une autre manière les conséquences de l'événement attendu. A son avis, les brevets Ruolz, en atteignant leur terme légal, ne changeaient rien à la situation de l'orfévrerie ; il n'y aurait au 19 décembre que des papiers sans valeur de moins, et comme le brevet de M. H. Elkington pour la dorure et celui de M. G.-R. Elkington pour l'argenture n'expiraient, le premier qu'en septembre 1851, et le second qu'à la fin de 1855, M. Christofle entendait maintenir intact jusqu'à ces dates ses priviléges de doreur et d'argenteur par la voie électro-chimique.

L'armée des prétendants se leva comme un seul homme, avec l'espérance de rendre en une seule fois à l'usine privilégiée l'équivalent des 275 visites qu'ils en avaient reçues. Cette coalition eut un auxiliaire actif, érudit, disert, passionné, puissant, qui non-seulement l'encouragea à la lutte, mais qui la conduisit au combat et fut un des premiers à monter à l'assaut.

Or, ce champion est le chimiste même qui, cinq années auparavant, le 23 juin 1845, quittant l'usine Christofle, avait écrit et signé l'engagement suivant :

« M. de Ruolz s'interdit expressément, et sous peine de tout dépens, dommages et intérêts, de s'occuper en France et dans les États de la Grande Bretagne, soit *directement*, soit *indirectement*, de l'exploitation des procédés brevetés, ou de tous autres procédés analogues au dépôt des métaux les uns sur les autres, AVANT L'EXPIRATION DU DERNIER BREVET DE M. ELKINGTON A CE SUJET ; mais il se réserve la faculté d'en faire usage dans tous autres pays. »

C'est lui qui, le 15 novembre 1850, écrit aux membres de l'Assemblée nationale :

« Au 1er janvier prochain il s'instruira un procès entre M. Christofle d'une part, et, de l'autre, toute l'industrie AVEC MOI POUR AUXILIAIRE. »

Pour remplir son rôle d'auxiliaire, il rédige cette *Lettre aux membres de l'Assemblée nationale* et cette *Réponse aux questions posées par quelques fabricants de Paris*, et ce *Mémoire sur mes travaux électro-chimiques* adressé aux juges du tribunal de première instance, auxquels nous avons fait quelques emprunts. C'est encore en vue de cette campagne et pour le service de la même cause qu'a été publié le ***Mémoire sur la dorure et l'argenture électro-chimiques***, adressé à MM. Duvergier et Chaix-d'Est-Ange et dont il a été précédemment question.

C'est dans ces documents rédigés pour ceux qui font les lois et pour ceux qui les appliquent, que nous voyons M. de Ruolz soutenir et developper longuement que ni M. Truffaut, ni M. Wright, ni M. R. Elkington, n'ont élevé aucune protestation contre l'opinion qui prétendait restreindre le privilége de ce dernier à l'emploi du cyanure simple de potassium.

C'est là que nous le voyons témoigner ce dédain pour la dorure par immersion dont il avait parlé si avantageusement quelques années auparavant.

C'est là qu'il affirme avec l'assurance d'un témoin oculaire, que Brugnatelli a opéré la dorure et l'argenture d'une manière définitive, nette, sur des objets vendables comme dans une fabrication industrielle.

C'est là que l'argenture sur couverts en laiton et en maillechort est présentée comme la source de nombreuses affections morbides. Singulière manière, ainsi que l'a remarqué M. Christofle, de défendre les intérêts de cette « classe importante de l'industrie parisienne, » que M. de Ruolz prenait sous sa protection; car, si ces critiques avaient quelque fondement, il n'y aurait pas d'argenture électro-chimique possible.

Ces échantillons donnent une idée du contenu de tout ce sac à procès. Dès que M. de Ruolz part de cette idée, un peu surannée en 1850, que *ses procédés sont complétement différents* de ceux de MM. Elkington, on pressent le reste. Il est clair que les neuf années écoulées depuis le Rapport de M. Dumas seront regardées par lui comme non avenues; qu'il ne tiendra aucun compte des enseignements qu'elles ont apportés; qu'il fermera les yeux aux lumières qu'elles ont jetées sur cette affaire. Il ne se souviendra ni de l'inexpérience dont il a fait preuve quand il lui a fallu mettre la main à l'œuvre, inexpérience dont témoigne son registre d'opérations; ni de la visite de M. Elkington quand celui-ci s'est présenté chez M. Christofle ses brevets à la main et la menace à la bouche; ni de sa contenance devant la revendication de l'inventeur; ni de l'influence que cette revendication et cette contenance ont eue sur les résolutions de l'Académie! Il en est toujours au Rapport du 29 novembre 1841, il se voit encore sur le piédestal que ce Rapport lui a élevé; piédestal dont l'Académie a depuis si fort diminué la hauteur, et dont la Cour de cassation va bientôt le faire descendre tout à fait. Il épousera donc toutes les inadvertances et les préjugés de ce Rapport. Le cyanure de potassium sera pour lui, en 1850 (ce cyanure de potassium qu'il employait dans le secret de son laboratoire), un sel coûteux! un sel dangereux! un sel difficile à conserver en dissolution ! un sel dont l'emploi présenterait divers obstacles en fabrique ! On ira même jusqu'à affirmer que le cyanure simple vient d'être proscrit en Autriche et en Prusse. Par contre, M. de Ruolz répétera, en invoquant le Rapport, que ses procédés sont très-supérieurs à ceux de l'inventeur anglais; que son cyano-ferrure et ses hyposulfites, et surtout son sulfure d'or dissous dans le sulfure de potassium neutre (qu'il n'a pas employé une seule fois pendant son passage à l'usine Christofle), ont amené une révolution dans la dorure et l'argenture; que celles-ci lui doivent tout; qu'elles ne doivent rien aux Elkington; qu'en douter c'est faire injure à l'Académie qui lui a donné le prix Montyon, au gouvernement qui l'a décoré, au jury de l'exposition qui lui a décerné une médaille... et que n'ajoute-t-il, pendant qu'il y est, à Alexandre Dumas qui lui a consacré un feuilleton ! — L'inventeur sérieux c'est lui (cela est écrit en toutes lettres). Lui préférer Elkington, c'est manquer de patriotisme et fouler aux pieds les intérêts de l'industrie parisienne, etc., etc., etc.

Aucune de ces illusions, Dieu merci! n'est plus à réfuter. Nous n'approfondirons même pas davantage cette analyse, ce serait nous imposer une fatigue sans compensation. On n'a plus rien à apprendre sur cette question; d'ailleurs, la méthode de M. de Ruolz une fois connue, les applications se devinent. Seulement pour la distraction bien plutôt que pour l'édification des lecteurs, nous glanerons çà et là dans les divers factums de l'auteur quelques passages qui semblent mériter d'être ravis à l'oubli.

IV

N° 1.

On se rappelle que huit mois après la prise de son brevet sur la dorure et l'argenture galvaniques, deux mois et demi après le Rapport à l'Académie, M. de Ruolz eut ce bonheur, peut-être sans exemple dans l'histoire des inventeurs, de voir venir à lui un homme qui se trouvait alors, selon les expressions de M. de Luynes, à la tête de la première maison de bijouterie de son temps. Cet homme lui apporte ses capitaux, son intelligence et sa pratique des affaires, une réputation industrielle sans tache. M. de Ruolz aura la moitié des bénéfices que procurera l'exploitation des procédés dont il se croit l'auteur; en attendant, il touchera en qualité de chimiste un traitement annuel de 4,000 fr. — De bonne foi, quel esprit malade songerait à élever des plaintes sur le sort des inventeurs, s'il arrivait communément que de si équitables conditions leur fussent faites? Supposons que M. de Ruolz ait eu à la position qu'il occupa un moment les droits qu'il croyait y avoir et qu'il ait pu légalement s'y maintenir; il toucherait aujourd'hui la moitié des bénéfices nets d'un courant d'affaires de 6 à 7 millions par an. Voici cependant en quels termes dans son *Mémoire sur ses travaux électro-chimiques,* il parle de ses relations avec M. Christofle :

« Un homme, écrit-il, qui s'estimait trop heureux, il y a dix ans, de s'assurer par des traités l'exploitation privilégiée des découvertes brevetées que j'avais faites antérieurement...... »

Ce « trop heureux, » appliqué à un manufacturier qui faisait deux millions d'affaires avant de connaître M. de Ruolz, n'est-il pas admirable? Et ne trouvez-vous pas M. de Ruolz « trop malheureux » de tomber entre les mains d'un pareil associé?

N° 2.

Savez-vous pourquoi M. Christofle a acheté les brevets Elkington? Vous croyez le savoir; il les a achetés, pensez-vous, parce que ces brevets primant ceux de M. de Ruolz, il ne pouvait exploiter ceux-ci sans être poursuivi et condamné comme contrefacteur. Cela était vrai en 1841, mais en 1850 M. de Ruolz voit la chose tout autrement, et voici, d'après son Mémoire au tribunal de première instance, les véritables motifs de l'association contractée avec MM. Elkington :

« Je n'avais cru devoir assigner qu'une durée de dix ans aux brevets pris, à partir de 1840, par moi ou au nom d'un premier cessionnaire (M. Chappée), et par lui cédés, en 1842, à M. Christofle ; mais M. Christofle a voulu jouir d'un privilége plus durable, et il s'est fait céder d'autres brevets, pour d'autres procédés de dorure et d'argenture, par deux étrangers, MM. Henri et Georges-Richard Elkington, de Birmingham. »

Ne dirait-on pas, à lire ce passage, que les arrangements pris avec MM. Elkington l'ont été à l'insu ou sans la participation de M. de Ruolz? Comme si on eût pu se passer de sa participation! Comme si en effet il ne l'avait pas donnée! Comme si ce n'était pas à lui aussi bien qu'à M. Christofle, c'est-à-dire à la société dont tous les deux faisaient partie, que les brevets Elkington ont été concédés! Si les prétentions de l'inventeur anglais étaient sans fondement; si les brevets pris par lui ne primaient pas ceux de l'inventeur français; si le procès dont celui-ci était menacé ne pouvait aboutir qu'à son triomphe: pourquoi donc a-t-il passé par toutes les conditions qu'il a plu à M. Elkington de lui imposer? pourquoi M. de Ruolz lui a-t-il acheté ses brevets? pourquoi lui a-t-il abandonné une partie de ses bénéfices? pourquoi lui a-t-il abandonné l'honneur de la découverte? car participer à ces transactions c'était reconnaître de la manière la moins indéniable l'antériorité et la supériorité des droits de M. Elkington.

N° 3.

Dans sa *Réponse aux questions posées par quelques fabricants de Paris*, M. de Ruolz écrit ce qui suit :

« M. Christofle a vécu dans la plus grande hostilité avec M. de Ruolz depuis 1842. »

Depuis 1842, rappelez-vous cette date.

Or on lit dans une lettre de M. de Ruolz à M. Ch. Christofle, datée du 4 avril 1843 et qui a été imprimée :

« ...... J'éprouve avant tout, dans l'impossibilité d'aller vous voir, le besoin de vous offrir mes remercîments pour le service que j'apprends que vous avez bien voulu me rendre hier. »

On lit dans une lettre de M. de Ruolz à M. Ch. Christofle, datée du 31 janvier 1844 et qui a été imprimée:

« Il y a quelque temps, au Palais, vous avez eu l'obligeance de me dire......, j'ai eu l'honneur de vous répondre que, reconnaissant de cette preuve d'amitié...... vous m'éviterez de graves désagréments...... Soyez persuadé que je le considérerais comme rendu de cœur si ce n'est de fait.

« Votre bien dévoué. »

Voilà comment depuis 1842 M. Christofle a vécu dans la plus grande hostilité avec M. de Ruolz.

N° 4.

On a vu par les chiffres cités plus haut combien fut active la contrefaçon suscitée par les nouveaux procédés de dorure et d'argenture; M. Christofle avait acheté au prix de 679,000 fr., tant de M. Elkington que de M. de Ruolz, le droit d'exploiter ces procédés; ce droit lui coûtait assez cher pour qu'il s'en montrât jaloux. Il défendit donc sa propriété attaquée. Si vous trouvez qu'il fit bien, vous vous mettez sur ce point en dissidence avec M. de Ruolz, qui en 1850 reproche à M. Christofle « d'avoir fait peser sur l'industrie toutes les rigueurs de la loi, et usé, au dire du commerce, jusqu'à l'abus des droits concédés aux inventeurs. »

Malheureusement M. de Ruolz n'avait pas toujours été aussi tolérant pour ce qu'il appelle le commerce. Preuve, cette lettre qu'il écrivait à M. Christofle le 9 août 1843 :

« *Mercredi*, 2 *heures*.

« Monsieur,

« J'ai la certitude, d'après de nouveaux renseignements, que l'Anglais dont je vous ai parlé s'occupe d'ARGENTURE. Il a eu une audience du roi et CONTREFAIT POSITIVEMENT. Il s'occupe, avec l'aide d'un chimiste, de trouver un tour de main qui ESQUIVE la contrefaçon ; il demeure à Neuilly, c'est toujours tout ce qu'on m'a voulu dire, mais c'est un homme HABILE et RICHE. Je crois que peut-être il serait bon d'en écrire à M. Elkington, qui aurait peut-être des renseignements.

« Votre bien dévoué,

« H. DE RUOLZ. »

N° 5.

Il peint ainsi l'usine Christofle :

« Elle s'est créé le monopole de la fabrication des

couverts ; elle a fait une concurrence désastreuse aux autres fabrications, dont elle n'acceptait qu'à son corps défendant les commandes d'argenture. » (Lettre à l'Assemblée.)

Réponse de M. Christofle :

« Jamais nous n'avons refusé d'effectuer aucune commande d'argenture. Nous argentons les couverts que nous apportent tous les fabricants de couverts et même ceux fabriqués par une association d'ouvriers cuilleristes. »

N° 6.

« Je profite de cette circonstance, écrit M. de Ruolz aux membres de l'Assemblée nationale, pour soumettre à votre appréciation s'il ne serait pas convenable que l'Assemblée fît, au début de toute découverte d'une utilité incontestable, et consacrée par les récompenses académiques, ce qu'on a fait pour le daguerréotype : qu'elle en fît l'acquisition pour le public. Je pense qu'il y aurait là bien-être pour tous, et économie pour l'État ; car j'aurais été heureux, à l'origine de mon invention, de vendre au pays, pour 6,000 fr. de rente viagère, c'est-à-dire 80,000 fr. à peu près, ce que l'on veut vendre aujourd'hui plus de 300,000 fr. après dix années d'exploitation. »

M. de Ruolz oublie de faire connaître à l'Assemblée que son invention lui a rapporté 179,099,90 ! ou plutôt il ne se souvient pas d'avoir reçu cette somme, autrement il ne regretterait pas de n'avoir pas vendu son invention à un prix si inférieur à celui qu'il en a retiré.

N° 7.

On a vu M. de Ruolz, en 1841 faire retraite devant M. R. Elkington. L'année suivante, étant allé visiter l'usine de ce dernier, il écrivait de Birmingham à M. Christofle : « Quelle que soit ma haute opinion de M. Elkington que chacune de mes relations avec lui ne fait qu'accroître..... » En 1850 le vent a tourné, et nous voyons M. de Ruolz déclarer dans son *Mémoire sur mes travaux électro-chimiques* qu'il va « montrer à la justice les Elkington tels qu'ils sont dans leurs brevets, c'est-à-dire copistes serviles de M. de la Rive, et encore copistes par écrit seulement, copistes hors d'état de répéter ses manipulations, et n'ayant pas même essayé de les répéter. »

M. Elkington, qui, entre autres choses, lui a enseigné à faire au prix de 120 fr. une opération d'argenture qui lui revenait à lui, M. de Ruolz, à 900 fr. !

N° 8.

M. DE RUOLZ : « J'ajoute que Georges-Richard a positivement parlé *des acides*, sans dire un mot de l'alcalinité, dans son brevet d'argenture à la pile : « *On fait « bouillir la pièce dans de l'acide sulfurique ou muriati- « que étendu d'eau.* »

M. Christofle : « Il n'est réellement pas possible de tolérer de telles altérations de la vérité. Cette portion de phrase, que cite M. de Ruolz, *n'existe pas* dans la partie du brevet qui décrit la composition du bain d'argenture à la pile et que nous avons reproduite en entier précédemment, page 21 à 24. Ce membre de phrase appartient à la description d'un procédé donné pour *mater* les surfaces déjà recouvertes de tout l'argent qu'elles doivent recevoir. »

N° 9.

« C'est parce que j'avais reconnu tous ces motifs d'exclusion du cyanure simple que je l'avais abandonné, bien avant d'apprendre des commissaires de l'Académie que M. Elkington venait de leur soumettre ce bain de cyanure simple. » (*Mémoire sur mes travaux électro-chimiques.*)

Et il a encore breveté le cyanure simple le jour même où M. Dumas lisait son rapport à l'Académie ! et combien de fois encore plus tard? (Voyez plus haut.)

M. de Ruolz dit ailleurs que l'Académie lui a donné gain de cause sur la question des hyposulfites doubles;

Et M. Dumas ne les mentionne même pas ! et M. de Ruolz ne les a brevetés qu'un mois après la lecture du Rapport !

Il se prévaut devant les juges de l'approbation que

lui aurait donnée « l'un des pères de l'art nouveau, le savant et à jamais célèbre Jacobi ! »

Et comme on l'a vu, M. Jacobi déclare explicitement que les objets qu'il a dorés d'après les procédés de M. de Ruolz et que ceux qui lui ont été montrés par le commissionnaire même de M. de Ruolz laissaient beaucoup à désirer.

Interrogé sur la valeur de ce certificat d'aptitude dont M. de Ruolz se faisait gloire, M. Jacobi a répondu à M. Christofle :

« Je ne comprends pas que M. de Ruolz ait pu se faire une arme contre vous de mon rapport à l'Académie impériale des sciences de Saint-Pétersbourg.

« En effet, dans ce rapport je me suis exprimé de manière à ne laisser aucun doute sur le mérite de l'application faite par M. Elkington, qui, à mes yeux comme aux yeux de tous les chimistes, est le premier qui ait employé et industriellement appliqué les composés du cyanogène et autres sels doubles qui ne sont pas décomposés directement par les métaux électro-positifs (1). »

V

Mais cette plaisanterie a duré assez longtemps.

Ce que je qualifie de plaisanterie, c'est la forme

(1) *Histoire de la dorure et de l'argenture électro-chimiques*, p. 376 bis.

sous laquelle viennent d'être présentés des arguments qu'il nous est impossible de prendre au sérieux. Mais qu'ils aient eu une valeur réelle aux yeux de M. de Ruolz, c'est ce dont nous ne doutons pas. Il faudrait peu connaître le cœur humain pour ne pas admettre qu'un esprit, même très-éclairé, puisse en de certaines circonstances, pousser l'illusion jusqu'au point où M. de Ruolz doit l'avoir portée, pour s'être mépris aussi complétement sur la valeur de sa cause. Et quelles circonstances plus propres à produire un tel mirage que celles où il s'est trouvé ! Jaloux d'ajouter par ses œuvres personnelles à l'illustration du nom de ses pères, et voulant tenir du travail une fortune nouvelle en remplacement de celle qu'il avait due à la naissance, il s'exile du monde brillant où sa jeunesse s'est écoulée, s'enferme dans un laboratoire, et pense. Victoire! le génie de l'invention a visité sa studieuse retraite; il a mis la main sur une de ces découvertes deux fois illustres, dont notre humanité n'a pas moins à s'applaudir que notre orgueil. Le bruit s'en répand avec l'instantanéité des grandes nouvelles; en un instant la popularité vient à lui, et l'industrie lui fait les offres les plus magnifiques : cette popularité c'est l'avant-courrière de la gloire, ces avances de l'industrie ce sont les arrhes de la fortune. Dérision du sort! un inconnu, un étranger se présente, invoque un brevet antérieur de quelques mois à celui de M. de Ruolz, un brevet ignoré de celui-ci, et, en vertu de cette antériorité, revendique comme son bien cette renommée loyalement acquise, cette fortune si légitimement espérée. — C'est ainsi que les choses se présentent aux yeux de M. de Ruolz, c'est ainsi que les raconte l'historien des *Découvertes scientifiques modernes*, et nul n'a le droit de mettre en doute la parfaite authenticité de ce récit. — Ainsi, nuits d'insomnie, journées laborieuses, tortures de l'esprit en travail, alternatives du doute et de la foi, enivrements du triomphe, suffrages illustres obtenus, sympathies publiques conquises, souvenirs du passé, joies du présent, promesses de l'avenir : temps perdu, force gaspillée, illusion, mensonge, néant ! Mais parce que ce brevet dont l'existence vient d'être révélée, porte une date plus ancienne que le sien, en a-t-il moins cherché, en a-t-il moins souffert, en a-t-il moins trouvé ? Ni recherches, ni souffrances, ni succès, ne lui confèrent aucun droit !... Et vous pensez que l'homme tiré d'un tel rêve par une telle catastrophe va recouvrer immédiatement l'usage de ses sens et l'intégrité habituelle de son jugement ; qu'il appréciera sainement la situation, pèsera avec calme ses droits personnels et ceux de son rival, et que se courbant avec résignation sous le coup d'un destin si cruel, il descendra de lui-même du rang qu'il avait conquis ? Non. La sagesse des nations n'admet pas qu'on puisse jamais être juge dans sa propre cause ; quelle impartialité attendre de celui dont la cause est excellente par tout ce qu'il y a mis, mauvaise par les éléments que la fatalité y a introduits ? L'évidence même sera pour lui sujette à contestation. Supposez, en outre, ce qui ne peut manquer d'arriver, que l'affaire s'envenime ; ouvrez le champ à la polémique ; ayez égard aux inévitables entraînements de la plume et de la parole : et ni les contradictions les plus fortes, ni les oublis les plus étranges, ni les assertions les plus inexactes, ni les appréciations les plus fautives, n'auront lieu de vous surprendre et n'infirmeront la bonne foi de celui qui vous en donnera le spectacle. Mal placé pour voir, il voit mal, et ses dires ne sont erronés que parce qu'ils expriment fidèlement ses illusions. Aussi, loin de faire à M. de Ruolz un crime de ses écarts de polémique et de ses inexactitudes innombrables, n'aurions-nous songé à relever ni les unes ni les autres, si, comme on l'a vu dans l'Introduction, il ne nous avait mis dans la nécessité de prendre contre lui la défense de cette argenture électro-chimique, dans laquelle nous persistons à voir une des meilleures et des plus durables créations de ce temps.

VI

Aux attaques de M. de Ruolz, M. Christofle répondit par la publication de son *Histoire de la dorure et de l'argenture électro-chimiques*, livre non moins remarquable par l'inépuisable verve avec laquelle l'auteur pourchasse et démasque dans d'innombrables notes les sophismes dont il lui faut faire justice, que par l'exemple de loyauté qu'il donne en reproduisant non par voie de citations tronquées, mais intégralement, tous les documents publiés par la partie adverse. L'ouvrage est précédé d'une lettre de M. R. Elkington, où on lit :

« Puisqu'il a convenu à M. de Ruolz de se livrer à des attaques que rien ne saurait justifier en présence des engagements pris par lui, je ne veux plus consentir à une sorte de partage que, par trop de condescendance, je lui ai accordé dans ma réputation d'inventeur. Je donne la plus entière approbation au Mémoire que M. Christofle a publié. »

On connaît le résultat de cette lutte ; on sait que les arguments de M. de Ruolz n'eurent pas plus de succès auprès des juges, que ses procédés électro-chimiques n'en avaient eu auprès des industriels. On peut relire, plus haut, les arrêts de la Cour d'appel et de la Cour de cassation déclarant que la perte des brevets Ruolz n'avait pas appauvri M. Christofle qui, possesseur des seuls brevets Elkington, restait investi de tous les droits dont il avait joui jusque-là.

CINQUIÈME PARTIE

UNE USINE D'ORFÉVRERIE ÉLECTRO-CHIMIQUE.

CINQUIÈME PARTIE

UNE USINE D'ORFÉVRERIE ÉLECTRO-CHIMIQUE.

CHAPITRE PREMIER

Division du sujet.

C'est avec un sentiment de soulagement que nous nous retrouvons sur le terrain de la science et de l'industrie.

Nous reprenons notre exposition au point où nous l'avons menée quand, les procédés électro-chimiques étant décrits, nous avons abordé l'histoire de leur découverte. Il est évident que ces procédés ne constituent pas à eux seuls toute l'orfévrerie : avant de les appliquer, il faut façonner les pièces auxquelles on les appliquera; avant d'entreprendre la fabrication de ces pièces, il faut composer les alliages dont elles sont formées; l'opération électro-chimique achevée, les objets qui l'ont subie doivent passer encore par toute une suite de manipulations. On voit d'ici la division de notre sujet : nous prendrons naturellement pour type l'usine modèle dont l'histoire est tellement liée à celle de l'orfévrerie nouvelle que nous n'avons pu raconter celle-ci sans raconter celle-là. On connaît déjà, par les chiffres consignés dans notre Introduction, l'état présent de cette usine; nous avons dit l'importance de son personnel, la puissance de ses moyens mécaniques, le chiffre de ses affaires, le nombre et la nature des produits qu'elle met annuellement dans la circulation; nous n'y revenons pas. Nous passerons même très-rapidement sur la suite des opérations qu'il nous reste à faire connaître, et cela pour deux motifs : d'abord parce que cette énumération sommaire suffira très-certainement à nos lecteurs, qui n'entendent pas se préparer par la lecture de ce petit ouvrage à l'exercice de la profession d'orfévre, ensuite parce que n'ayant pas eu l'occasion de visiter les ateliers dont nous allons résumer les travaux, nous en parlons d'après des documents imprimés où chacun pourra puiser un supplément d'information ; c'est dans le livre de M. Turgan que nous prenons les nôtres.

CHAPITRE II

Des alliages.

Ces alliages sont le laiton et le maillechort.

Le maillechort est employé pour les couverts et le laiton pour le reste de l'orfévrerie.

Le maillechort est composé de cuivre, de zinc et de nickel. Ce dernier métal rend l'alliage plus blanc et plus résistant. Le maillechort ordinaire contient 4 0/0 de nickel, celui dit alfénide en renferme 12 0/0.

Les proportions de cuivre rouge et de zinc dont l'alliage constitue le laiton, varient suivant la pièce qu'on veut obtenir.

Le laiton dont on forme les objets tournés, estampés ou faits au marteau, est composé de 2/3 de cuivre et 1/3 de zinc.

Celui qui forme les objets fondus et ciselés se compose de 75 de cuivre, 24 de zinc et 1 d'étain.

Le premier est employé pour les formes et le second pour les garnitures.

« L'alliage est fondu dans des creusets par 25 kilogrammes à la fois. Douze fourneaux à air forcé et marchant ensemble produisent par jour 1,000 kilogrammes de lingots plats, ayant 12 millim. de largeur, 1 mill. et demi d'épaisseur et 60 mill. de longueur. Ces lingots sont ensuite rabotés avec une machine spéciale, dont le couteau a la largeur du lingot et enlève d'un seul coup la surface rugueuse et mauvaise; enfin un ouvrier peut faire 100 lingots par jour. Les lingots rabotés sont portés sous des laminoirs puissants qui les étendent en bandes de 1 m. 50 de longueur et les amènent à l'épaisseur désirable. Dans l'intervalle des différentes passes, on recuit plusieurs fois les lingots pour leur rendre l'élasticité première. Cette opération se fait dans un four à réverbère; après chaque recuisson, les bandes sont découpées par les moyens ordinaires. »

CHAPITRE III.

Fabrication des pièces.

Celle des couverts forme à elle seule toute une industrie et demande une description spéciale.

Couverts.

Supposons la fabrication d'une cuiller. Les bandes de métal rabotées dont il vient d'être question sont portées sur un découpoir qui leur donne en raccourci la forme d'une cuiller. La pièce ainsi produite porte le nom de *flan*. Il s'agit d'allonger d'abord, d'étendre ensuite chacune des trois parties de la cuiller aux dimensions qu'elle doit avoir. Ces opérations se font au moyen d'un laminoir muni d'un volant et dont les rouleaux d'acier portent gravées les différentes formes qu'on veut obtenir. On lui donne d'abord le cuilleron, ensuite la spatule à travailler; il peut fournir six pièces à la minute. Aux trois premières passes, dites *passes de préparation*, en succède une dernière, le *finissage*, qui s'opère au moyen de la machine dite à segments, sorte de laminoir qui, au lieu de rouleaux gravés tournant autour de leur axe, a des segments d'acier qui n'opèrent qu'un mouvement de va-et-vient. Un ouvrier pose les pièces, un autre les guide à la sortie. Ces machines font huit couverts par minute, un laminoir n'en ferait qu'un dans le même temps. Une seule d'entre elles peut aisément fournir 150 douzaines de couverts par jour, déduction faite du temps pris par le montage et la mise en train.

La cuiller est encore plate; la fourchette n'a point encore de découpure. La première est emboîtée dans des matrices placées sous le nez du balancier; la seconde est découpée sous un découpoir à levier. L'une et l'autre reçoivent leur cambrure sur une matrice en fonte, au moyen d'une machine à deux leviers.

C'est alors que les limeurs s'en emparent; après eux viennent les polisseurs qui, au moyen de tours animés d'une vitesse de 2,000 révolutions par minute, avec la ponce, l'huile et des morceaux de buffle, enlèvent les traits de lime et les inégalités de la surface. Une brosse en poil de sanglier termine ce travail, et le couvert est prêt pour l'opération électro-chimique.

N'omettons pas de dire qu'entre chaque opération toutes les pièces passent par un bureau qui met de côté celles où se remarque le plus léger défaut. Ces triages successifs et les déchets inévitables du travail font que, pour produire un kilogramme de couverts, il faut en fondre et en laminer 3 kilogrammes.

Pièces autres que les couverts.

Il y a d'abord à distinguer la forme et la garniture.

Fabrication des formes. Si on ne veut obtenir qu'un petit nombre d'exemplaires d'un ouvrage donné, la pièce est faite au marteau et à la main ; on évite ainsi la dépense d'une matrice. C'est ce qui s'appelle la *rétreinte.*

Les objets qui ont un débouché plus considérable reçoivent leur forme au moyen de matrices.

Si les pièces sont carrées, à pans ou à côtes, les matrices sont en fonte, et le travail se fait au mouton.

Si les pièces sont rondes ou ovales, elles se font au tour. On crée une série de mandrins ou de formes en bois intermédiaires entre la plaque de laiton qui doit être repoussée et la pièce qu'on veut produire. Au moyen d'outils en acier, le métal est contraint à prendre successivement les contours de chacun de ces mandrins. Entre chaque phase du travail, on recuit la pièce dans un four à réverbère. Une timbale exige cinq mandrins et quatre recuissons.

Production des garnitures. Pour les garnitures à peu près planes ou de *dépouille* (terme du métier), on emploie l'estampage qui se fait dans des matrices en acier au moyen du balancier ou du mouton.

Les garnitures en ronde bosse se font de deux manières :

Ou bien elles sont fondues dans un moule pris sur un premier modèle, et alors elles doivent passer par les mains du ciseleur;

Ou bien elles sont produites par la galvanoplastie; ce qui évite le travail dispendieux de la ciselure. La garniture obtenue galvanoplastiquement est ensuite remplie de laiton, ce qui lui donne toute la solidité désirable.

Monture. C'est le travail par lequel les garnitures sont soudées aux formes. Cette soudure est faite au chalumeau à gaz. « Par ce moyen mis en pratique rue de Bondy (pour la première fois en France), il y a plus de seize ans, on peut produire les pièces les plus difficiles en se rendant compte de ce que l'on fait, parce que le travail est à découvert. »

Polissage, gravure, etc. La pièce montée, on abat

les bavures; on la polit à l'aide de brosses de sanglier; puis le graveur, le ciseleur, le guillocheur ou l'émailleur la décorent, après quoi elle peut passer dans les ateliers d'électro-chimie.

CHAPITRE IV

Dorure et argenture et opérations subséquentes.

Décapage. Pour que l'or ou l'argent adhère à leur surface, les pièces doivent être débarrassées de l'oxyde et des matières graisseuses qui les recouvrent; on y parvient par ce qu'on nomme le *décapage*.

Si elles sont en bronze ou en laiton, le décapage s'opère par leur immersion successive dans une série de bains acides fort compliqués; avant d'être immergées, les pièces en bronze sont recuites sous un feu de mottes.

Quant aux objets en maillechort, comme le nickel qu'ils contiennent ne supporterait pas l'action des acides, ils sont décapés mécaniquement au moyen d'une brosse ronde en soie de sanglier imprégnée d'une légère couche de pierre ponce pulvérisée qui fait 700 tours à la minute. Un ouvrier peut décaper 36 douzaines de couverts dans sa journée.

Après le décapage vient le séchage. « Lorsque les

pièces sont sèches, on vérifie leur fabrication une à une, et on les porte dans un bureau où elles sont scrupuleusement pesées pièce par pièce après avoir été dans l'atelier même pesées en masse ; on établit ainsi un contrôle parfaitement sûr. » On verra tout à l'heure le but et l'importance de ce pesage.

Dorure et argenture. Les pièces sont maintenant prêtes à entrer dans le bain électro-chimique. Nous ne mentionnons cette opération que pour mémoire, l'ayant longuement décrite plus haut.

Gratte-boëssage. La pièce sortant de la cuve est gratte-boëssée, « c'est-à-dire frottée de toutes parts au moyen de brosses métalliques circulaires tournant avec une vitesse de 500 tours à la minute, humectées d'une eau légèrement mucilagineuse. Ces brosses sont dressées en fil de laiton tréfilé à Villedieu dans des trous à rubis et si fins que, dans le commerce, ils ont reçu le nom de chefs-d'œuvre. Ce frottement n'enlève pas la moindre parcelle d'argent ; mais il met dans un même plan les différentes surfaces moléculaires irrégulièrement déposées, qui, par suite, ne réfléchissaient pas la lumière, et produisaient un effet de matité presque absolu. On prépare ainsi la surface à recevoir le brunissage qui doit la rendre tout à fait brillante et polie comme un miroir. »

Brunissage, etc. C'est à des femmes que ce travail est confié. Elles se servent de petits instruments de toutes formes en acier ou en hématite, suivant la nature des surfaces à brunir.

« L'atelier du brunissage est un des plus gracieux de l'usine, dit M. Turgan; comme à l'Imprimerie impériale, comme à la Manufacture des tabacs, les femmes, réunies en masse, sont d'une propreté qui va souvent jusqu'à la coquetterie. Leurs cheveux sont toujours minutieusement peignés et lissés; de même que les plieuses, les brocheuses et les relieuses, les brunisseuses, qui travaillent beaucoup des bras, les ont généralement développés, et ne craignent pas de les montrer avec une certaine complaisance. Elles sont du reste très-adroites, très-laborieuses, et quelques-unes d'entre elles gagnent même 4 à 5 francs par jour. Dans un autre atelier, composé d'hommes, se font deux opérations qui ont pour but d'augmenter la densité de la surface d'argent ; elles sont surtout nécessaires aux vases qui doivent beaucoup servir comme les plats et plateaux : l'une se nomme *tranchage*, et s'exécute en frottant fortement tous les contours et les parties des plats les plus exposés aux chocs et aux rayures ; l'autre se nomme *planage*, et s'opère en frappant la pièce sur un tas d'acier poli avec un marteau garni d'un coussin en parchemin. Les molécules d'argent sont ainsi rapprochées et acquièrent une grande cohésion. »

Monture. Après le brunissage, les différentes pièces d'orfévrerie sont remises aux monteurs qui en ajustent les parties, puis pesées une seconde fois, marquées et livrées au commerce.

Pesage. Cette opération du pesage, que nous voyons se reproduire avant et après la dorure et l'argenture, mérite de nous arrêter. Voici ce qu'en dit M. Turgan :

« Ce pesage est rigoureux, car une des grandes préoccupations de l'usine Christofle est d'indiquer strictement sur son orfévrerie la quantité d'argent déposée ; l'acheteur sait ainsi ce qu'il acquiert. — Supposons une cloche destinée à couvrir un réchaud : elle pesait avant d'être argentée cinq cent quarante grammes, elle pèse après l'argenture cinq cent soixante-seize, elle a donc acquis trente-six grammes d'argent. Sur ces trente-six grammes, cinq appartiennent au bouton qui surmonte la cloche et qui a été argenté plus fortement que le reste, comme toutes les parties du vase le plus susceptibles de frottement. Ce poids est minutieusement vérifié, et on peut alors appliquer sur la cloche un poinçon portant le chiffre 36 à côté de la marque de la maison et du numéro d'ordre sous lequel la pièce est inscrite. La cloche sur laquelle nous avons vu faire ces pesées portait le n° 335,673, et était destinée aux paquebots des Messageries impériales. »

CHAPITRE V

Galvanoplastie. — Ouvrages en aluminium.

Puisque nous avons pris l'usine Christofle pour exemple il convient de la faire connaître complétement : or les opérations de dorure et d'argenture n'absorbent pas toute son activité ; parmi les objets connexes dont elle s'occupe, nous trouvons à citer la galvanoplastie et certains ouvrages en aluminium.

Galvanoplastie. — « M. Christofle l'a plus spécialement appliquée à la reproduction des objets d'art et des fines ciselures, à la décoration des meubles, des appartements, à la grande statuaire, à la gravure et à l'ornementation de tous les objets d'orfévrerie où la main d'un artiste, plusieurs fois répétée, eût entraîné à de grandes dépenses. Pour cette dernière application, on a réussi à lui donner l'apparence d'un métal fondu et ciselé.

« La pièce galvanoplastique présentant l'aspect d'une coquille, ayant à l'intérieur les cavités formées par les reliefs extérieurs, est garnie de morceaux de laiton plus fusible que le cuivre rouge, et chauffée au moyen d'un chalumeau à gaz. Le cuivre jaune fond, et, en se soudant entièrement avec la coquille de cuivre rouge, ne forme plus qu'un seul et même métal qu'on peut cintrer, limer, tourner, ajuster comme une pièce venue de fonte, avec cette seule différence, que la surface extérieure, d'un fini parfait, n'a plus besoin du travail d'un ciseleur habile, pour avoir une valeur artistique très-réelle. »

Une visite aux ateliers de M. Christofle a suffi à M. Lefuel pour l'éclairer sur le rôle que la galvanoplastie pouvait remplir dans les grands travaux dont il est chargé. Au ministère d'État : la rampe de l'escalier et le lustre qui l'éclaire, des cheminées entières, celles du grand salon et de la bibliothèque entre autres ; dans les appartements de l'Impératrice, toute la serrurerie, due, ainsi que les œuvres précédentes, à la galvanoplastie, qui a économisé ici des sommes fabuleuses, témoignent hautement du parti que cet artiste a su tirer des ressources d'un art merveilleux.

Le wagon du pape, à l'ornementation duquel l'électro-chimie a contribué également pour une part si grande et dont on a pu admirer, au Palais de l'Industrie, la richesse et le bon goût, atteste d'une façon non moins décisive l'esprit progressif de M. Trélat, professeur au Conservatoire des arts et métiers, qui a fourni à la galvanoplastie l'occasion de ce nouveau triomphe.

Enfin, dans la cour de l'usine, une admirable statue en bronze, due aux mêmes procédés, brave depuis plusieurs années les intempéries de l'air. Le succès de cette expérience répond victorieusement aux préventions de ceux qui hésitent encore à faire jouer à cette grande industrie le rôle qui lui revient si évidemment dans la statuaire, rôle qu'on s'étonne de lui voir dénier encore aujourd'hui.

Ouvrages en aluminium.

« M. Christofle ne s'est pas contenté de ses travaux sur l'or et l'argent; la belle découverte de M. de Sainte-Claire-Deville ne devait pas le trouver indifférent. Après avoir fait à des objets d'art l'application de l'aluminium allié à 3 pour 100 de cuivre, il a employé les nouvelles combinaisons de M. Deville, et, se servant de l'alliage à 10 pour 100 d'aluminium sur 90 de cuivre, il l'a appliqué à des coussinets de tour, à des glissoires et autres surfaces frottantes à grande vitesse. Ces expériences lui ayant démontré la supériorité de ce métal sur tous les alliages de cuivre, de zinc et d'étain, employés jusqu'à ce jour dans l'industrie, comme résistance au frottement, au choc et à la traction, il a eu l'idée de l'appliquer aux armes de guerre. Des expériences se font en ce moment à Vincennes sur un obusier de campagne, dont S. Exc. le maréchal ministre de la guerre a autorisé la fabrication. Les résultats obtenus jusqu'à présent paraissent démontrer une supériorité très-sensible sur le bronze de canon allié à 10 pour 100 d'étain. La seule question à résoudre maintenant est celle du prix de revient de l'aluminium. Tout fait espérer que d'ici à peu de temps elle sera favorablement résolue, et que les prédictions de M. Dumas se trouveront réalisées (1). »

(1) En 1855, l'aluminium, à l'Exposition universelle, valait 3,000 francs le kilogramme. Aujourd'hui il vaut 200 fr., dans un mois il vaudra 120 fr., et si les prédictions de M. Dumas se réalisent, comme tout le fait espérer, ce précieux métal ne vaudra un jour que 12 fr.

(*Note de M. Turgan.*)

CONCLUSION.

CONCLUSION.

I

MM. Henry et Georges-Richard Elkington, de Birmingham, sont les inventeurs de la dorure et de l'argenture galvaniques industrielles.

M. Charles Christofle est le fondateur de l'orfévrerie électro-chimique en France.

M. de Ruolz n'a contribué ni à cette invention ni à cette fondation.

Tout ce qu'il a breveté rentre dans les brevets Elkington, et aucun des procédés qu'il a indiqués n'a été adopté par l'industrie. L'industrie ne lui doit rien.

Si, dans son Rapport du 29 novembre 1841, fondement de la renommée de M. de Ruolz, la commission du prix Montyon lui fait jouer un rôle dans la découverte dont il s'agit, et même lui attribue le principal rôle, au préjudice de MM. Elkington, cela vient de ce que la commission, pressée par le temps comme elle-même le déclare, n'avait pu s'éclairer complétement sur la question qui lui était soumise. Mieux informée, l'Académie, par ses décisions en date des 6 juin et 19 décembre 1842, a fait descendre M. de Ruolz de la situation exceptionnelle que le Rapport lui avait faite, a tiré MM. Elkington du rang inférieur qui leur avait été assigné, et a mis de niveau les inventeurs anglais et le chimiste français. Mieux informés encore, des chimistes illustres, parmi lesquels se rencontrent des membres même de la Commission académique, MM. Balard, Payen, Peligot, Pelouze, Fremy, Cahours, etc., se sont plu à proclamer, dans les termes les plus explicites, les droits exclusifs de MM. Elkington aux titres d'inventeurs de la dorure et de l'argenture galvaniques (1). Enfin la Cour impériale, par son

(1) On lit à la page 306 du livre de M. Christofle :

« Nous sommes convaincu qu'après la réclamation si digne de M. Elkington, qui se trouve en tête de ce volume, les membres du jury de l'exposition de 1849 en sont à regretter la récompense qu'ils ont décernée à M. de Ruolz. Nous sommes d'autant plus fondé à émettre cette opinion, que, dans une visite faite à M. Dumas, ministre du commerce, M. le Ministre a autorisé l'honorable Représentant qui nous accompagnait à dire à la Commission d'initiative de l'Assemblée nationale, s'occupant de la proposition Peupin, « qu'il regrettait vivement de n'avoir pas connu les documents authentiques que nous venions de lui soumettre, et que, s'il en eût eu plus tôt connaissance, il eût repoussé, comme elles le méritaient, les prétentions de M. de Ruolz, et eût tenu, devant la Commission, un tout autre langage. »

arrêt en date du 22 avril 1852, et la Cour de cassation, par son arrêt en date du 16 mars 1853, confirmatif du précédent, ont reconnu et décidé que M. de Ruolz n'a pris aucune part à l'invention de la dorure et de l'argenture électro-chimiques.

II

Depuis la franche adoption des procédés Elkington, et surtout depuis l'acte de cession du 25 juin 1845, qui rendit à M. Ch. Christofle l'absolue liberté de ses mouvements, l'orfévrerie nouvelle n'a pas cessé de suivre une phase ascendante; mais c'est surtout à partir de la mémorable et irrévocable défaite subie en 1853 par la contrefaçon, « ayant M. de Ruolz pour auxiliaire, » que l'usine Christofle prend tout son essor. Elle avait fait pour deux millions d'affaires en 1847, pour deux millions et demi en 1850; elle en fait en 1859 pour plus de six millions; elle faisait travailler environ 600 ouvriers en 1852, elle occupe aujourd'hui près de 1,500 personnes.

La puissance acquise par la fabrication démontre suffisamment que la faveur dont ses produits ont joui dès le début se soutient, et même qu'elle grandit tous les jours; et comme il n'est peut-être pas un de nos lecteurs qui ne se serve quotidiennement d'argenterie galvanique, il serait souverainement ridicule d'entreprendre d'en justifier l'emploi : toutes les objections dressées contre elle par l'ignorance ou la mauvaise foi tombent devant la généralité de l'usage. Et malgré la considération due aux honorables rédacteurs du *Rapport adressé à la chambre de commerce de Paris sur la question du troisième titre d'argent*, nous ne pouvons attribuer qu'à l'irréflexion les critiques que, dans leur zèle pour le tiers-argent, ils font de la nouvelle orfévrerie. Ainsi quand ils disent qu'une douzaine de couverts en cuivre argenté ne représente pour ainsi dire rien comme valeur intrinsèque, ils s'exposent à ce qu'on leur réponde, ce qui en effet leur a été répondu : qu'il « est incompréhensible que des hommes sérieux puissent avancer un fait aussi inexact, quand le créateur de cette industrie en France a écrit et publié partout que les couverts, après six ou sept années d'usage, contiennent en moyenne douze francs d'argent. » Mais peut-être d'aussi grosses erreurs, qui semblent inexplicables chez des hommes du métier, viennent-elles précisément de ce que ces messieurs sont orfévres.

Quoi qu'il en soit, l'orfévrerie électro-chimique est entrée dans une voie de développement à laquelle il est impossible d'assigner un terme. Car dire avec M. Dumas qu'elle rendra générales les jouissances du luxe le mieux raisonné et qu'elle fera pénétrer jusque dans les plus humbles chaumières l'usage de l'argenterie, c'est évidemment lui promettre un avenir illimité. Et comment en serait-il autrement ? Ce n'est certainement ni le goût du luxe ni le besoin d'hygiène qui fera défaut à l'industrie nouvelle, puisqu'il est de l'essence de la civilisation de les développer. Ses débouchés ne pourraient donc être restreints que par une concurrence heureuse qui viendrait à se dresser contre elle. Mais sur quoi cette concurrence s'appuyerait-elle ? Ce n'est pas sur le tiers-argent, qui d'une part ne peut avoir l'universalité d'emploi de l'argent déposé par la pile, qui d'autre part, contenant 442 millièmes de cuivre, n'obtiendra jamais les suffrages des hygiénistes (1), et qui enfin n'étant qu'une sorte de maillechort très-cher, n'a pas plus l'avantage du prix sur l'argenture que celui de la salubrité et de l'éclat. Nous ne voyons qu'un cas où l'argenture serait forcée de battre en retraite; c'est si on arrivait à faire de l'argent : avis aux *alchimistes du* XIXe *siècle!*

III

De cette perspective l'usine Christofle ne paraît pas

(1) *Dans ses leçons de Chimie élémentaire*, t. I, p. 843, M. J. Girardin fait la critique suivante de l'argent au second titre : « Si l'argent de vaisselle n'est pas altéré visiblement par la plupart des liquides ou des mets avec lesquels on peut le mettre en contact, ce ne serait pas, cependant, sans danger qu'on mangerait des aliments ayant séjourné et s'étant refroidis dans des vases d'argent, *surtout dans ceux au titre de* 800/1000. *Une cuiller d'argent à ce titre, laissée pendant quelques heures dans une infusion sucrée de violettes ou de tilleul, suffit (d'après M. Darcet) pour donner à ces liquides une saveur métallique désagréable et bien prononcée.* » — Que serait-ce donc de l'argent au troisième titre?

se préoccuper, et nous ne l'accuserons pas pour cela d'imprévoyance.

La prévoyance est au contraire un des traits caractéristiques de son chef; maître du présent, il s'est organisé pour l'avenir.

L'ancien élève de Sainte-Barbe, parvenu au maréchalat de l'industrie (pour emprunter à Balzac un mot qu'il appliquait aux sommités de la littérature), demeure fidèle aux graves pensées qui, au sortir du collége, le préservant du faux éclat de ces professions dites libérales, dont la jeunesse subit si aisément la fascination, le déterminaient à ceindre ses reins du tablier de l'apprenti. Il ne rêve pas pour les siens d'autres grandeurs que celles de la production : sa parenté, ses alliances associées à son œuvre sont préparées à continuer ses traditions; il a créé autour de lui, suivant l'expression de M. Turgan, une sorte « de dynastie industrielle, » par le moyen de laquelle il s'est emparé du futur autant qu'il est donné à l'homme d'en prendre possession (1). Et si exempts de vertige que puissent l'être des regards habitués au spectacle quotidien d'une maison arrivée à ce degré de puissance, il n'est pas certain qu'ils n'éprouvent point d'éblouisse-

(1) « Plein de confiance dans l'avenir industriel de la France, M. Christofle est entré, dit M. Turgan, dans la seule voie qui puisse assurer sa suprématie sur tous les marchés du monde, en créant autour de lui une véritable dynastie industrielle ; M. de Ribes, son gendre, M. Bouilhet, son neveu, le secondent déjà puissamment et, bientôt réunis à M. Paul Christofle, son fils, continueront son œuvre. »

ments quand ils se portent sur les destinées auxquelles elle a le droit de prétendre.

Le caractère familial de la direction s'étend, comme dans l'ancienne tribu, à la population groupée autour d'elle. Mais avant de louer ce qui, étant de pure bienveillance, est de surcroît, disons que la justice n'a pas de réclamations à faire entendre : si souvent la charité est un moyen de pallier l'injustice ! On a vu l'hommage spontané rendu à un simple ouvrier par le chef des travaux chimiques de l'usine ; ce trait suffit à révéler une pratique familière des principes de la justice distributive : nulle part ils ne sont mieux observés qu'ici. La moyenne du salaire des ouvriers et ouvrières est pour les hommes de 4 fr. 50 par jour, pour les femmes de 2 fr. 50. Soixante-quinze employés se partagent 195,400 fr. d'appointements. Cela posé, la bienfaisance a le droit de s'exercer.

Voici comment elle s'exerce :

Tout ouvrier et ouvrière ayant dix années de travail dans l'établissement reçoit une dotation de 500 fr. en livrets de la caisse d'épargne, incessibles et insaisissables.

Cette dotation, qui date de 1851, a déjà produit une somme de 54,078 fr. 77 c. Elle est régie par des statuts dont voici les principales clauses :

Après cinq années de séjour, l'ouvrier est inscrit pour une gratification de.	150 fr.	500 fr.
Trois années ajoutées aux cinq premières. .	150	
Deux années aux huit premières.	200	

Si l'ouvrier quitte soit volontairement, soit forcément, il perd tout droit aux périodes acquises, et la somme qui lui revient est répartie entre les autres ouvriers ayants droit.

L'institution suivante forme un digne pendant à celle dont il vient d'être question : trois lits sont entretenus par l'usine à l'asile impérial de Vincennes, deux lits à l'asile impérial du Vézinet. Ces lits sont destinés aux ouvriers et ouvrières convalescents.

Pendant la maladie, ceux-ci sont secourus par une caisse à la dotation de laquelle l'établissement contribue lui-même pour une somme d'environ 1,500 fr. Elle est alimentée par une cotisation de 50 centimes par quinzaine pour les hommes, de 25 centimes pour les femmes, et par les amendes.

Cette caisse de secours en cas de maladie donne

Aux ouvriers mariés.	3 fr. par jour.
Aux ouvriers non mariés. . . .	2 —
Aux ouvrières.	1 fr. 50 par jour.

Pour toutes ces créations, M. Christofle se plaît à proclamer qu'il a rencontré le concours le plus empressé de la part de ses intéressés. Cette émulation de générosité se recommande à l'imitation de tous ceux qui participent aux bénéfices de la grande industrie.

IV

Mais bien mieux encore que ces détails, le récit d'une fête qui venait d'avoir lieu au moment où nous tracions les premières lignes de cet ouvrage, donnera une idée de la nature des rapports qui existent entre le chef de l'usine Christofle et sa petite armée d'employés : nous en empruntons le récit au savant directeur du collége Chaptal, écrivain distingué, M. E. Menu de Saint-Mesmin, qui l'a inséré dans l'*Ami des sciences*.

« Samedi dernier, un de nos grands manufacturiers, M. Charles Christofle, avait réuni son personnel, ouvriers, ouvrières, employés de toutes sortes, afin de distribuer aux plus méritants des livrets de la caisse d'épargne. Les membres du bureau de l'Association philotechnique, conviés à cette fête populaire, témoignaient par leur présence de l'intérêt que porte l'Association à tout ce qui touche au bien-être et à la moralisation des classes laborieuses. Un économiste distingué, M. Baudrillart, professeur au Collége de France; M. de Labrouste, directeur de Sainte-Barbe; Agathon Prévost, agent général de la Caisse d'épargne, assistaient également à cette réunion philanthropique. A six heures et demie, plus de six cents convives prenaient place, dans la salle Barthélemy, au banquet qui leur était offert.

« Ce banquet n'était pas seulement un prétexte, c'était, de plus, un bon exemple pour tous les industriels. — Le directeur qui tend ainsi la main à ses employés, qui fait asseoir ses ouvriers à sa table, leur donne, par là même, une excellente leçon : il leur apprend que, pour être leur chef, il n'en est pas moins leur ami ; qu'entre le patron qui commande et l'ouvrier qui obéit, il y a des liens étroits d'où naissent pour tous les deux des devoirs. Si celui-là, en effet, doit veiller comme un père aux intérêts de sa grande famille, celui-ci n'est pas quitte quand il a rempli sa tâche : il lui reste une part à faire à la gratitude.

« C'est cette thèse que, dans des termes affectueux, M. Christofle a soutenue en terminant son discours. — « Vos vrais amis, a-t-il dit à ses hôtes, ne sont pas ceux qui vous montrent à l'horizon des mirages trompeurs ; n'en croyez pas ces faiseurs de théories malsaines, apôtres de la haine et de la discorde. Vos vrais amis sont ceux qui veulent, par des moyens pratiques, améliorer votre condition présente et vous constituer une épargne pour l'avenir. Ce sont également ces savants que je vois à mes côtés, ces professeurs dévoués qui consacrent leurs loisirs à votre instruction (1). »

« M. Marguerin, directeur de l'école Turgot, vice-président de l'Association philotechnique, a relevé le gant que jetait M. Christofle à cette association. L'improvisation de M. Marguerin a été couverte d'applaudissements.

« L'Empereur, voulant donner aux ouvriers de la ville de Paris une nouvelle preuve de son auguste sympathie, avait envoyé à M. Christofle, par l'intermédiaire de M. le général Rollin, une somme de mille francs, destinée à être distribuée

(1) Un des anciens de la manufacture, M. Colin, chef d'atelier, a porté un toast dont voici les premiers mots :

« Je porte un toast à l'union qui doit régner entre patrons et ouvriers, à la confiance, à l'harmonie parfaite, et surtout à l'imitation, par les patrons des autres industries, du bon exemple que donne M. Christofle. »

aux employés les plus anciens ou les plus intelligents. Les élus ont été acclamés par leurs camarades. Il y avait quelque chose de touchant à voir ces jeunes ouvriers, ces jeunes femmes, appelés à recevoir le prix de leur habileté ou de leur dévouement, et ces vieillards recueillant la récompense de leurs longs services. — Puis la distribution des livrets a commencé.

« Cette distribution une fois terminée, les tables ont disparu comme par enchantement : on eût dit qu'une baguette de fée les avait touchées. L'orchestre, installé dans les tribunes, a préludé à la danse ; les invitations ont eu lieu, les quadrilles se sont organisés ; le bal a commencé. C'était un charmant coup d'œil que celui de cette petite population se réjouissant avec tout l'abandon d'une conscience tranquille.

« Minuit a sonné ; c'était l'heure de la retraite : les adieux se sont échangés, non sans quelque regret, et les spectateurs de cette scène populaire se sont retirés à leur tour, après avoir félicité M. Christofle, resté le dernier sur la brèche, de l'heureuse inspiration qu'il avait eue, du bon exemple qu'il avait donné (1) »

Restons sur ce bon exemple.

(1) *Ami des sciences* du 2 juin 1861.

FIN.

TABLE DES MATIÈRES.

FIN DE LA TABLE DES MATIÈRES.

Paris. —Impr. Walder, rue Bonaparte, 44.

[illegible]

[illegible] VOLUMES [illegible]

De [illegible] par [illegible] [illegible]. [illegible] avec [illegible] gravures.

De la culture maraîchère [illegible], publié sous le patronage de la Société [illegible], par Courtois-Gérard, [illegible] édition. Paris, 1861, [illegible] pages, avec [illegible] gravures.

Ouvrage honoré de souscriptions du Ministère de l'Agriculture.

Des [illegible] **et de** [illegible] par [illegible]. Paris, 1861, [illegible] dans le texte. [illegible] coloriées.

[illegible] des animaux [illegible] ce volume [illegible] honorable.

De la santé des petits enfants, ou Conseils aux mères [illegible] conservation des enfants pendant la grossesse, sur leur éducation [illegible] depuis la naissance jusqu'à l'âge de sept ans, et sur leurs principales [illegible], par le docteur [illegible], [illegible] édition. Paris, 1861. [illegible] de [illegible] pages.

Les Préceptes du [illegible], suivis d'un [illegible] du mariage et de la famille, par le docteur [illegible]. 1861, 1 volume in-32 de [illegible] pages.

[illegible], interne des [illegible]. Paris, [illegible], [illegible] coloriées.

Cet ouvrage, guide médical [illegible] des familles, [illegible] le traitement des maladies [illegible] les conseils du médecin.

[illegible], professeur de [illegible] **anciens et modernes** [illegible] connues jusqu'à [illegible] dans l'Inde, la Chine [illegible] de fabrication et [illegible] depuis [illegible] en [illegible]. Paris, [illegible] vol. in-8.

[illegible] (de Nancy), [illegible] de médecine de Lyon [illegible] **Traité de l'éducation physique des enfants** [illegible] augmentée. Paris, 1861, [illegible] vol. in-18.

Sales Girons, médecin [illegible] **Traitement de la phthisie pulmonaire** [illegible] liquides pulvérisés et par les fumigations [illegible] in-8 de [illegible] pages avec gravures.

[illegible], professeur à l'École [illegible] de Lyon. **Les propriétaires** [illegible] et la multiplication [illegible] 1 volume in-12 avec [illegible].

[illegible] — Imprimerie [illegible], [illegible]

www.ingramcontent.com/pod-product-compliance
Lightning Source LLC
LaVergne TN
LVHW020149030726
842520LV00003B/660
* 9 7 8 2 0 1 4 0 2 2 0 1 8 *